蒙台梭利幼儿教育丛书

单中惠 主编

蒙台梭利

科学文化教具操作

傅晨 姜利 董吉贺 等著

山东教育出版社

图书在版编目（CIP）数据

蒙台梭利科学文化教具操作 / 傅晨等著 . — 济南：山东教育出版社，2018（2020.9重印）

（蒙台梭利幼儿教育丛书 / 单中惠主编）

ISBN 978-7-5701-0259-4

Ⅰ. ①蒙… Ⅱ. ①傅… Ⅲ. ①学前教育-教育理论 ②学前教育-教具-制作 Ⅳ. ①G610 ②G614

中国版本图书馆CIP数据核字（2018）第111885号

MENGTAISUOLI YOUER JIAOYU CONGSHU
MENGTAISUOLI KEXUE WENHUA JIAOJU CAOZUO

蒙台梭利幼儿教育丛书　　　　　　　　　　　单中惠　主编
蒙台梭利科学文化教具操作　　傅　晨　姜　利　董吉贺　等著

主管单位：山东出版传媒股份有限公司
出版发行：山东教育出版社
　　　　　地址：济南市纬一路321号　邮编：250001
　　　　　电话：（0531）82092660　网址：www.sjs.com.cn
印　　刷：济南鲁艺彩印有限公司
版　　次：2018年10月第1版
印　　次：2020年9月第3次印刷
开　　本：710毫米×1000毫米　1/16
印　　张：16.5
印　　数：8001-11000
字　　数：201千
定　　价：56.00元

（如印装质量有问题，请与印刷厂联系调换）印厂电话：0531-88665353

总　序

　　自 20 世纪成为"儿童的世纪"以来，意大利著名幼儿教育家玛丽亚·蒙台梭利（Maria Montessori）通过她的"儿童之家"实践和理论被世人誉为"儿童世纪的代表"。1907 年 1 月 6 日，她在意大利罗马创办了第一所"儿童之家"，开始了举世闻名的"儿童之家"教育实验和幼儿教育理论研究。作为现代幼儿教育大师，蒙台梭利不仅倾注自己的全部精力投身于幼儿教育实践，而且潜心于幼儿教育问题的思考和幼儿发展的研究，还在创立具有特色的幼儿教育体系的同时，积极地在世界范围进行宣传推广和教师培训。因此，在幼儿教育理念和方法的革新上，对 20 世纪以来的世界各国幼儿教育发展和改革产生了巨大而深远的影响。

　　对于蒙台梭利的幼儿教育实践和理论，世界上很多国家的教育家给予了高度评价和充分赞誉。这里，我们精选其中一些教育家的评价和赞誉：

　　美国教育家杜威（J. Dewey）在《明日之学校》中指出："在传播对任何真正的教育都不可缺少的自由方面，蒙台梭利已成为一个最重要的人物。"

　　瑞士心理学家和教育家皮亚杰（J. Piaget）在《教育科学与儿童心理学》中指出："蒙台梭利……对于特殊儿童心理机制的细致观察，便成了一般方法的出发点，而这种方法在全世界的影响是无法计算的。"

　　英国教育家拉斯克（R. R. Rusk）和斯科特兰（J. Scotland）在《伟

大教育家的学说》中指出："蒙台梭利体系最有意义的特点是教育的个性化。……在相当短的时间里，玛丽亚·蒙台梭利就得到了国际上的认可。……因为蒙台梭利的体系像卢梭、裴斯泰洛齐和福禄培尔的体系一样，是建立在相信每一个儿童具有天赋潜能这一信念基础上的，所以，她被公认为进步教育的一个先驱者。"

当代澳大利亚教育家康乃尔（W. F. Connell）在《二十世纪世界教育史》中指出："蒙台梭利的影响是深远的，也许对世界上每一个国家都有影响。在幼儿教育方面，自德国幼儿教育家福禄培尔时代以来，蒙台梭利的影响是最大的。"

当代德国比较教育学家赫尔曼·勒尔斯（H. Rohrs）在《世界著名教育思想家》的"蒙台梭利"中指出："玛丽亚·蒙台梭利首创的一个国际范围的丰富多彩的计划，至今依然没有堪与匹敌者。……蒙台梭利是国际新教育运动的一位真正的倡导者，因为她的改革不只是一种机械过程，用一些尽可能好的方法去取代旧的方法；她更关注的是生命的重塑和更新。"

当代美国学前教育家莫里森（G. S. Morrison）在《今日早期儿童教育》中也指出："蒙台梭利教育法已经并且至今仍被世界儿童早期教育专业人员和父母所熟知。蒙台梭利教育法能够支持儿童在准备充分的环境中自然地发展。"

尽管蒙台梭利教育思想早在20世纪20年代就在近代中国得到了一定的传播，但蒙台梭利教育在我国得到较为广泛的传播和较为深入的实践是在改革开放之后。其主要表现在：开办了一些蒙台梭利式幼儿园（有的也称为"儿童之家"），生产了成套的蒙台梭利教具，翻译出版了蒙台梭利幼儿教育著作，培训了一批蒙台梭利式幼儿教师，召开了全国性或地区性的蒙台梭利教育研讨会议，开展了与国际蒙台梭利协会（AMI）和美国蒙台梭利协会（AMS）的交流与合作。特别值得注意的是，2015年11月，中国教育学会在山东青岛举办了题为"蒙台梭利教育在中国：科学化、本土化、规范化"的全国性研讨会，会上还颁布了《中国教育学会蒙台梭利学前教育机构认证标准》；2016年又成立了中国教育学会蒙台梭利教育专家委员会，论证通过了《中国教育学会蒙台梭利学前教育教师资质认证标准》和《中国教育学会蒙台梭利教师教育机构认证标准》。

2018年是蒙台梭利的"儿童之家"创办111周年。为了更好地推进蒙台梭利教育在中国的科学化、本土化、规范化，我们翻译和编著了"蒙台梭利幼儿教育丛书"。该丛书主编是中国教育学会蒙台梭利教育专家委员会委员、华东师范大学教育学系博士生导师单中惠教授。

基于理论和实践结合的视角，"蒙台梭利幼儿教育丛书"论及蒙台梭利理论著述和教具操作两个方面，共八册。

在理论著述方面，有四册，具体包括了《科学的幼儿教育方法》（1909）、《童年的秘密》（1936）、《为了新世界的教育/童年的教育》（1946/1949）、《有吸收力的心理》（1949）。除《童年的教育》由上海政法学院教授李爱萍博士、上海政法学院副教授王晓宇博士翻译外，其余译著均由单中惠教授翻译。四册译著系根据蒙台梭利幼儿教育著作英文本翻译的，尽力遵从忠于原著、忠于读者和对文学语言忠诚的"信、达、雅"三个标准。从这四册译著来看，具有体现原汁原味、增加必要注解和标注英文页码三个特色。

在教具操作方面，有四册，具体包括了《蒙台梭利感官训练教具操作》（傅晨、董吉贺、王丛丛等著）、《蒙台梭利实际生活练习教具操作》（傅晨、王玉华、王丛丛等著）、《蒙台梭利数学教育教具操作》（傅晨、贾红梅、王丛丛等著）、《蒙台梭利科学文化教具操作》（傅晨、姜利、董吉贺等著）。四册教具操作由山东女子学院傅晨副教授组织相关幼儿教育学者和幼儿园教师共同编著，尽力清晰地阐述蒙台梭利教具操作理论和具体的操作步骤。

从这四册教具操作来看，在图文并茂地阐述的基础上，更注意凸显"示范点评"。

在"蒙台梭利幼儿教育丛书"出版之际，我们衷心感谢山东教育出版社领导的高度重视和大力支持，同时还诚挚感谢教育理论编辑室主任蒋伟编审以及编辑们的辛勤劳动。

"蒙台梭利幼儿教育丛书"得到了中国教育学会蒙台梭利教育专家委员会的推荐，在此表示最诚挚的感谢！我们期望该丛书的出版，不仅能推进蒙台梭利幼儿教育在中国的发展和研究，而且能给更多的幼儿园教师、幼儿教育工作者和幼儿教育学者以及父母们提供优质的蒙台梭利幼儿教育读物，并从阅读中得到蒙台梭利幼儿思想和方法上的更多启迪。

主编　单中惠

2018年6月

前　言

　　著名的意大利幼儿教育家玛丽亚·蒙台梭利（Maria Montessori，1870—1952）在"儿童之家"的长期教育实验中创立了一种科学的幼儿教育方法，形成了一种具有创新特色的幼儿教育体系。

　　自瑞典教育家爱伦·凯（Ellen Key）1900 年提出"20 世纪将是儿童的世纪"之后，蒙台梭利通过"儿童之家"（Casa dei Bambini）教育实践和幼儿教育理论体系向世人证明，她是当之无愧的"儿童世纪的代表"。蒙台梭利 1870 年 8 月 31 日出生于意大利安科纳省。在早期的学校生活中，她已萌发了关心和照顾未来的儿童的想法。1886 年，从中学毕业的蒙台梭利进入高等技术学院学习。出于对生物学的强烈兴趣，她于 1890 年秋天进入了罗马大学医学院。1896 年，通过勤奋学习，蒙台梭利成为意大利教育史上第一位女医学博士。博士毕业后，蒙台梭利担任罗马大学附属精神病诊所助理医生，并利用业余时间从事心智缺陷儿童的神经与心理疾病的研究。从 1897 年起，她从事心智缺陷儿童的教育工作。1901 年，蒙台梭利离开意大利国立特殊儿童学校，开始致力于正常儿童的教育。1907 年 1 月 6 日，她在罗马圣洛伦佐区创办了第一所"儿童之家"。由此，蒙台梭利开始进行系统的教育实验，设计了各种幼儿教育教具，提出了科学的幼儿教育方法，创立了举世闻名的蒙台梭利教育体系。为了进一步传播自己的幼儿教育理论和方法，蒙台梭利还在国内外开设了培训班，培养蒙台梭利学校教师。蒙台梭利的幼儿教育著作主要有《科学的幼儿教育方法》（1909）、《童年的秘密》（1936）、《为了新世界的教育》（1946）、《童年的教育》（1949）、《有吸收力的心理》（1949）等。

在蒙台梭利幼儿教育体系中，科学文化教育具有重要的地位，并成为主要的部分。蒙台梭利在自己的著述中用大量篇幅论述了科学文化教育。她认为，科学文化教育的主要目的在于向儿童展现一个生动有趣的实践活动，这项活动能提供给儿童一种难忘的经历，能够培养儿童对此课程以及活动过程的热爱，帮助儿童自动形成一种习惯，掌握科学文化知识。在蒙台梭利看来，学前阶段的儿童正处在探索和获取科学知识、构建物质世界观的阶段。因此，在幼儿时期进行科学文化教育显得至为重要。通过科学文化教育，萌发儿童对科学的兴趣和探究解决问题的思维方式，逐步形成并掌握一种文化，为儿童终身的学习和发展做准备。同时可以满足儿童的求知欲望，掌握规律的学习方法，构建儿童科学的世界观，初步培养儿童关爱世界的伟大胸怀，使儿童了解这个奇妙世界的同时，更好地与它和谐相处。

蒙台梭利的科学文化教育包括植物学、动物学、地理学、历史学四个部分。植物学在于引导儿童学习各类植物，掌握植物的特征和各部分组成，了解不同植物生存需求的基本条件，培养儿童热爱植物、照顾植物的意识与能力；动物学在于帮助儿童了解不同动物组成部分、生活习性和喂养方法等，培养儿童爱护、尊重生命的态度；地理学在于通过向儿童介绍陆地和水的构成、各大洲和各大洋等让儿童学习自然地理知识，通过学习人文地理知识了解怎样根据不同的生存环境来满足不同的生活需求；历史学在于通过向儿童展现各类"计时"方法，帮助儿童感知时间与自己生活的联系，养成正确的时间观念。

　　蒙台梭利的科学文化教育遵循着一定的原则。她认为，科学文化教育的实施应该遵循以下十二项原则：（1）教学形式从具体到抽象；（2）教学内容从已知到未知；（3）教学具有系统性；（4）多采用幼儿身边发生的现象；（5）设计上要考虑其可操作性；（6）尽量让儿童亲身体验，参与其中；（7）有兴趣点，增加趣味性；（8）教学材料多选用日常生活用品；（9）具有时代性，与当今科技发展结合；（10）有启发性，引导思维，培养能力；（11）注意课程与课程之间的衔接；（12）通过感官指导学习。

　　《蒙台梭利科学文化教具操作》一书简要阐述了蒙台梭利科学文化教育理论，系统讲解了各种科学文化中物品的操作，并配有清晰的图片说明，无疑是一本具有实用性的工具书。

　　本书体现了以下特色：

　　第一，在简要阐述蒙台梭利科学文化教育理论的基础上，本书更注重应用性，每一种教具操作都有详解，并且配有点评。因此，本书不仅可以为广大幼儿教育工作者指点迷津，而且可以为他们在实际工作中提供具体的操作方法及依据。

　　第二，结合国内蒙台梭利科学文化教育的实际情况，有针对性地指出在蒙台梭利科学文化教育过程中出现的问题，并提出了一些对蒙台梭利科学文化教育延伸教具和延伸活动的新思考。

　　在本书即将付梓之际，我们要感谢山东省妇女儿童活动中心幼儿园宋婷婷副园长以及刘硕老师、张亚男老师的大力支持，尤其是宋婷婷副园长提供一线教案，协调团队教师梳理文字，全程配合环境布置、教具准备和指导摄影师拍摄细节。感谢济南市小海豚幼儿园王丛丛园长以及刘燕霞老师的后期补拍和修订。感谢山东师范大学的孟亚君同学、张琼文同学，感谢山东女子学院时晓晨同学，本书凝聚了他们的心血。另外，还要感谢山东女子学院蒙台梭利工作室为教具操作的拍摄提供了场地，感谢全国妇女/性别研究与培训基地（山东女子学院）开放基金项目的经费资助。最后，我们要感谢山东教育出版社领导的大力支持，同时感谢本书责任编辑蒋伟编审的辛勤劳动。

目　录

第一部分　科学文化教育理论

第一节　蒙台梭利科学文化教育

蒙台梭利指出，儿童4–6岁是文化敏感期，这时应该进行初步的科学文化教育，因此，在幼儿园阶段，初步的科学文化教育非常重要。

蒙台梭利曾提出过一个著名的宇宙教育论，就是将宇宙的整体面貌展现给儿童，使儿童形成对宇宙和生命的感激之情。她这样写道："让我们提供给他们一个探索整个宇宙的视野。这个宇宙是一个宏伟的现实世界，所有的事物都是它的一部分，并且相互关联而形成一个整体。只有这种视野，才能够帮助幼儿的心智变得稳定，而不再是漫无目的的。因为在万物中找到了自我的宇宙中心，幼儿将会感到满足。"

蒙台梭利认为，儿童从小就应该了解自己所处的是一个怎样的世界，加之儿童本身对科学文化知识相当敏感和兴趣浓厚，所以很容易接受这些知识。这里，不是要求儿童要吸纳所有的知识点，而是通过科学文化教育，来启发幼儿的探索、体验精神，引发他们对世界的热爱、对知识的热爱，学会用科学的头脑来思考问题、解决问题，也就是掌握一种文化——科学文化。这是科学文化教育真正的意义所在。

蒙台梭利的科学文化教育包括植物学、动物学、地理学、历史学等方面的知识。

在蒙台梭利科学文化教育的实施过程中，教师可以利用周围的物质世界以及给儿童提供的材料，让儿童通过自身的活动，对周围物质世界进行感知、观察、操作。这是一个发现问题和寻求答案的探索过程。在这一过程中，教师进行不同程度的指导，让儿童去获取感性经验，培养好奇心和对科学的兴趣，学习科学知识和科学方法，培养情感和价值观。

一、蒙台梭利关于自然教育的思想

自然教育是科学教育的重要组成部分，利用自然进行科学教育既是学前儿童科学教育的有机内容，又是其有效手段。蒙台梭利通过对儿童的观察与研究，在借鉴了英、法等国自然教育实践的基础上，提出了富有独创性的自然教育主张。

蒙台梭利列举了心理医生伊塔通过教育让阿维龙野孩成功适应社会文明生活的例子。伊塔逐渐引导阿维龙野孩从自然界走向社会生活并对其进行智力教育，在这个过程中，伊塔并未采取任何强制手段，而是利用社会生活去逐渐吸引孩子，因为活生生的大自然本身就是儿童科学教育的最好教材。"我们必须培养属于生物因而也属于自然界的人去适应社会生活，因为虽然社会生活是人的特殊工作，但它也必须符合人的自然活动的表现。而我们在培养人适应这种社会生活的时候，却很大程度上忽略了他在生命初期是自然生物的这一有利因素。"从自然人成长到社会人需要一个过渡和缓和，为此，"我们必须把自然本身纳入教育工作之中，这好比不要突然强制性地把小孩从妈妈身边夺走并送进学校一样"。

儿童肉体生命和精神生命的养成都需要从大自然中汲取养分，"达到这一目的的方法就是让儿童从事农业劳动，引导他们培养动植物，并从中思考自然，理解自然"。蒙台梭利还从英国莱特夫人利用园林学和园艺学对儿童实施教育以及法国巴黎对有缺陷的儿童进行大规模的农业教育、在学校建立"小教育园地"的实践中丰富和完善了自己的自然教育理论，提出了自然教育的几个主要方面。

（一）引导儿童观察生命现象

儿童对周围的事物有强烈的好奇心与求知欲，并表现出浓厚的兴趣。要引导儿童萌发关心生物的热情以及对母亲的教育和爱护充满感恩之心。

（二）引导儿童通过自主教育而具有预见力

儿童懂得播种的植物的生长要依靠他们细心的浇水，饲养的动物的生长要依靠他们勤勉的喂食，否则，植物就会干枯，动物就会死亡，他们就会像一个开始感到对生命负有责任的人一样，变得有警惕性、自觉性，从而获得一种自主教育。大自然给予辛勤劳动者的报酬——绚烂的花朵、饱满的果实，小生命的诞生等，也是激发儿童自主教育的因素。

（三）引导儿童具备忍耐和自信的美德

从播种到收获的过程，儿童能够感受到植物从幼芽缓慢生长直到开花结果的整个生命发展的进程。这使得儿童最终获得心理上的平衡，在幼小的心灵里萌生出一种智慧，就像农民知道按时耕种那样。生命是一个缓慢的、渐进的、延续的过程，需要时间和耐心的滋养，我们应该引导孩子明白：耐心、细心、责任心、爱心以及对生命成长的自信是优渥的肥料，是生命之花绽放的不可或缺的养料。

（四）培养儿童对大自然的感情

"大自然以其神奇造化之功哺育着这种感情，它付给劳动者慷慨的报酬。谁为他的生命发育付出了劳动，谁就会获得丰硕的果实。"儿童天然赋有热爱生命一切表现形式的特点，他们的心灵会在他们精心照料下的植物发展过程中获得一致性和信任感，同时也可以体会人类从农业社会到工业社会的过渡与转变。蒙台梭利提出，最能培养对大自然感情的是栽培植物。其实，栽培植物也是幼儿园最方便可行的科学教育内容。

（五）儿童沿着人类发展的自然道路前进

自然教育使得个体发育和人类整体发展协调起来，人类从农业自然状态进入工业状态，当人类发现土地增产的秘密时，他就获得了文明化的报酬，注定要成为文明人的儿童也必须经历这条道路。动植物的生长发育过程从具体微观角度象征着人类社会的起源与发展、繁荣过程，儿童具有形象性、直观性、情景性的心理特点，因此，养护动植物的过程就成为儿童了解人类社会进化历程的生动教材。

科学的世界总是奇妙的，大自然赋予这种奇妙以生动的内涵和无限的可探索性，深入发掘"工作"思想和自然教育理论，有助于指导幼儿教师有效地开展学前儿童科学教育活动实践，对其他领域的活动也具有借鉴意义。

二、蒙台梭利科学文化教育的重要性

（一）让儿童认识自然、理解自然、热爱自然，谨记人与自然应和谐相处

让儿童关注他与植物和动物的关系，当他付出辛勤劳动照料、呵护以后，大自然会给予丰厚的馈赠。当儿童这种兴趣和领悟慢慢地得到发

展时，儿童关心生物的热情也得到增长，自然也会理解和感激母亲和教师对他的关爱。

（二）引导儿童的自主教育模式

当儿童懂得植物的成长要依靠他们悉心的照料，比如浇水、施肥、拔草等；小动物的成长要依靠他们的喂食、呵护、更换环境等，儿童就会产生对生命的敬畏和责任，变得自觉主动，从而获得一种自主教育。大自然给予辛勤劳动的报酬——绚丽的花朵、饱满的果实、小动物的灵性、小生命的延续等，都是激发儿童自主教育的重要因素。

（三）培养儿童学习具备耐心、细心的美德和有责任心、信心的品格

植物的生长，从播种到收获，儿童能够感受到植物从幼芽缓慢生长直至开花结果的整个生命发展的进程，这使得儿童最终获得心理上的平衡，幼小的心灵萌生出一种智慧。生命是一个缓慢的、渐进的、延续的过程，需要时间和耐心的滋养。教师应该因势利导，告诉儿童，这个过程只有耐心、细心以及对生命成长具有责任心和自信心，才能使生命之花绽放。

三、蒙台梭利科学文化教育的目标

（一）关注儿童全面发展，与当下幼儿园的科学教育活动三维目标吻合

蒙台梭利强调儿童亲手栽培植物和饲养小动物，给植物浇水、施肥，给动物喂食、清理粪便等，在这个实际动手和细心观察动植物生长发展变化的过程中，儿童萌发了对大自然的热爱、对生命的敬畏之情。在此过程中，儿童循序渐进地发展了认知目标、能力目标以及情感目标，整个过程就是一个三维目标体系的生动体现。

（二）关注儿童个体发展的水平和已有经验

蒙台梭利指明了"重复"的重要意义。首先，儿童不断重复在成人看来是没有意义的、无效的事情，但实际上"重复"意义重大，它表明了儿童内在的需要；其次，重复也并非是机械的，它是呈螺旋上升趋势发展着的。在《3—6岁儿童学习与发展指南》中科学领域目标三"在探究中认识周围事物和现象"，体现在不同年龄阶段有着不同要求。譬如，3—4岁"认识常见的动植物，能注意并发现周围的动植物是多种多样的"；4—5岁"能感知和发现动植物的生长变化及其基本条件"；5—6岁"能察觉到动植物的外形特征、习性与生存环境的适应关系"。同样都是观察、培育植物，但是随着儿童年龄的增长，认知水平、观察能力和生活经验等都在不断地提高、丰富和升华。因此，教师要依据个体发展水平和已有经验不断拓展加深。

（三）关注目标的渐进式演变，这是关乎"慢"与"等待"给予我们的思考

儿童的工作有其自身的节奏，他们不断地动手操作、动脑思考、动嘴表达、动眼观察，直至完成某个特定的内在工作周期。比如，植物学部分的内容。首先是对有生命和无生命进行区分，教师先给儿童展示来自环境里的真实物体，然后是模型，最后是图片，用同样的方式教儿童区分植物和动物；其次，从植物的分类开始到植物各个部位的组成，掌握一些植物的名称和特征，了解不同部分的作用，同时也要了解它们生存需求的基本条件；再次，可将该部分内容引申到生态学中，带领儿童研究植物是怎样构成了地球上生物圈中不可或缺的一部分。这个目标的递进需要一个缓慢的过程，在这个过程中，成人应该做的就是耐心等待。

（四）关注以儿童为本，生命为本的目标的制定

"工作"的思想强调了儿童独立性、自主性、创造性的重要性，切实以儿童为主体，为儿童创设探索与发现的空间与机会；自然教育尤其关注培育动植物，让儿童在日常生活中亲身感受植物的生命从萌芽到成熟再到枯萎的连续变化的形态，从而对生命的真谛与意义有进一步的感悟。

四、蒙台梭利科学文化教育的内容

（一）生活性

生活化的科学教育符合儿童的内在兴趣需要和学习特点，是鲜活的、生动的教育。在蒙台梭利科学文化教育的内容中，例如，种花、种菜，饲养小白兔、小金鱼等，都是极贴近儿童日常生活的，这些内容都是儿童生活中随处可见、方便操作的。在《3-6岁儿童学习与发展指南》中要求教师"理解幼儿的学习方式和特点"，指明了"幼儿的学习是以直接经验为基础，在游戏和日常生活中进行的"。科学文化教育内容越是贴近生活，越能带给儿童直观的丰富经验。

（二）趣味性

学前阶段的儿童，思维处于直觉行动与具体形象期，也就是说儿童主要通过动手操作或形象化的方式来认识事物。这是由儿童认知发展的直观性、情景性所决定的。幼儿阶段无意注意占主导支配着幼儿对于事物的认识，幼儿好奇好问，对自然界中的一花一草一木都兴趣盎然，富有趣味性的东西更能够引起幼儿的注意，增进注意的持久性。因此，在蒙台梭利科学文化教育的内容中，自然中的花鸟虫鱼、光风雨雪、山水草木都是科学文化教育的内容。

（三）生命性

儿童总是对生命形态的一切表现形式怀揣着极大的兴趣。譬如，观察植物从种子萌芽到开花结果，饲养小动物要不断喂食，用心呵护、照料，这样一个动态的变化过程会带给儿童对于生命的切身感受和认识，对于最终理解生命的起源与发展有着重要意义。

（四）操作性

儿童的身心发展特点决定了儿童的学习方式是"做中学"，蒙台梭利特别强调"儿童之家"的儿童对于教具的操作，并指出了他们有"自我纠错"的能力。在蒙台梭利科学文化教具中，有大量的嵌板和三部卡，都需要儿童亲自动手体验过程，这也是儿童主体性的体现。

五、科学文化教育的教学准备

学习科学文化不仅包含知识体系，还包含着科学探究过程所需的技能、情感态度和价值观。鉴于此，教师应注意引导儿童系统全面地认识自然事物和现象，初步掌握科学探究的方法，如观察、分类、测量、思考、表达交流和解决问题等，以及发展儿童的观察力、思维能力、创造力、动手能力和初步解决问题的能力。

正如蒙台梭利所言，教师必须具有一定的科学文化知识。她重点强调了教师的"观察力"，指出："这种能力如此重要，以至于实验科学也叫作观察科学。观察是需要训练的，这是走向科学的必由之路。因为如果现象不能被看见，就如同它们根本不存在。科学家的心灵完全沉浸于对观察体的强烈兴趣之中，他被训练得能看见，并开始感兴趣，这样的兴趣正是造就科学家精神的动力。"其实这一点对儿童学习科学文化知识同样重要。

教师的工作就是要帮助儿童挖掘其最大的潜能，所以，教师准备的工作首先要尊重、关爱儿童，满足他们的好奇心理。在儿童工作的过程中，要不断改善课程，为儿童准备适宜的室内外环境。教师要收集、制作、提供适合儿童科学教育的物质材料，比如在种植园地、自然角为儿童提供符合他们身高的、坚固而轻微的劳动工具，在实验中准备适合儿童摆放和储存实验教具的材料，满足其自如活动的需求。

教师的准备工作应包括以下几方面：

（1）教师必须具有相关科学文化课的专业知识。

（2）教师应提高自身的创造力和敏锐的观察力。

（3）教师应与儿童一起不断收集和制作科学文化类教具（因为原始教具太少）。

（4）教师应尊重、鼓励儿童，接纳儿童的不同意见，引导儿童创造性思考，确保儿童的主体性地位。

（5）教师应引导儿童自己动手操作，鼓励儿童从中观察、思考，培养儿童积极主动的探索精神。

蒙台梭利在《蒙台梭利儿童教育手册》中写道："一个教师胜过其他科学家，因为科学家永远停留在他们所研究的物体的外部，这些东西都与科学家本身相距很远，但学校教师的研究对象是人自身，他所研究的是整个人生，而不是部分人生。"她认为："教师的想象力应该像科学家那样丰富，其精神应像圣贤那样崇高，其态度应该是积极的、科学的和神圣的。"

六、课程设计的原则及注意事项

首先，要严格按照蒙台梭利教育原理，来设计科学文化教育课程，同时科学的理念要体现在课程设计之中。

我们鼓励课程设计的趣味性与多样性。课程设计要遵循以下原则：

（1）教学形式从具体到抽象。

（2）教学内容从已知到未知。

（3）教学具有系统性。

（4）多采用幼儿身边发生的现象。

（5）设计上要考虑其可操作性。

（6）尽量让儿童亲身体验，参与其中。

（7）有兴趣点，增加趣味性。

（8）教学材料多选用日常生活用品。

（9）具有时代性，与当今科技发展结合。

（10）有启发性，引导发散思维的能力。

（11）注意课程与课程之间的衔接。

（12）通过感官指导学习。

有了好的课程设计只是第一步，还必须把它科学有效地实施于教学之中，这里教师将起到至关重要的作用。在蒙台梭利教学的过程中，教师要注意以下事项：

（1）选择适当的方式将儿童引入活动。

（2）主要是培养儿童欣赏、观察和探索事物的能力。

（3）注意学习过程的重要性，过程可能比答案更重要。不要轻易告诉儿童答案，引导儿童通过学习自己找到答案。

（4）理论和专业术语不要太多，教学目的是培养兴趣，简单而有趣是儿童阶段学习科学文化的特点。

（5）注意语言的准确性，讲课应既生动有趣，又简洁明了。总之，课程设计要体现科学性与趣味性，从"游戏"中学科学，从操作体验中学科学。

第二节　科学文化教育环境的创设

一、科学文化教具

蒙台梭利一再强调环境对儿童成长的重要性，并据此设计了丰富多彩的蒙台梭利教具。她认为，通过接触教具和自然界所获得的丰富的感官经验，会为儿童将来创造力的爆发和自我表现提供丰富的素材，所以在一个混龄班里，不同年龄儿童能力水平参差不齐，在每一活动区，都需要设置适合不同水平的活动和教具，供儿童选择。

对3-6岁儿童而言，蒙台梭利科学文化教具是他们进入各个领域学习的媒介，并且提供了进一步深入学习的基本框架。在学习的初期，学习的重点主要是在认识事物和对事物命名上，以后其他阶段的学习，则转移到事物之间的联系上。

教师要善于观察研究，根据不同年龄段儿童的需求和能力，将教具以清晰、有序的方式来布置环境。

科学文化课程原配教具比较少，主要集中在动植物、天文地理、历史等方面。例如，动植物嵌板（嵌板也可以称为拼图）、地图嵌板、水陆地球仪、彩色地球仪、八大行星嵌板等。

二、环境布置

（一）丰富多彩

蒙台梭利认为，应该尽量模拟各种自然环境，以满足儿童学习科学文化的需要。教学环境为儿童科学文化教育设置了丰富的必要场景，以此来增加他们的感性认识，扩大所涉猎的范围，也就是说，与数学教育、感官训练相比，科学文化教育的环境布置要更为复杂、更为灵活一些。

（二）布置方式

独立设置：指可以专设科学文化区，也可以设立区角环境，即在教室的一个相对独立的角落布置科学文化环境。有条件的幼儿园可设立专门的科学文化教育教室，如整体环境布置成类似一个小型科技文化馆。总之，环境布置要平面立体相结合，生动形象，能激发儿童的兴趣。

融合设置：指与其他教育区域进行融合。例如，在日常生活区，可以组织儿童包饺子；在感觉区，儿童穿着不同民族的传统服装，并品尝绿茶；在语言区，儿童学习日常交往中的表达方式；在数学区，儿童数着搪瓷碟中的洁白的小石子；在地理区，儿童拼着地图；在戏剧表演活动区，进行舞蹈的表演等。

第二部分　科学文化教具操作

第一章　植物学

① 有生命和无生命

教具构成：

塑料袋，剪刀，一个绿色托盘，一个红色托盘，两块石头，一盆植物，一个鱼缸（里面有两条鱼、两只乌龟），两张字卡（"有生命"和"无生命"）。

直接目的：

使儿童能分辨有生命物体和无生命物体的特征。

间接目的：

1. 发展儿童对有生命物体和无生命物体的鉴别能力。

2. 鼓励儿童在日常生活中学会区分有生命物体和无生命物体。

示范过程：

1. 教师组织讨论："我们周围的事物哪些是有生命的？哪些是无生命的？"（例如，有生命的：小鸟、蝴蝶、花、小草……无生命的：泥土、花盆、石头……）

2. 教师向儿童讲解外出注意事项，并分给每个儿童一个塑料袋。

3. 教师指导儿童去室外寻找，把自己找到的有生命的和无生命的物体放到塑料袋后回教室。

4. 在工作毯（或桌面）的右边放上贴着"有生命"字卡的绿色托盘，左边放上贴着"无生命"字卡的红色托盘。

5. 教师引导儿童："今天我们来讨论一下哪些物体是有生命的，哪些物体是无生命的。"

6. 教师将儿童收集的物体展示出来，请儿童说出物体的名称并用自己的语言描述物体。

7. 教师说："下面我们按照它们有无生命来进行分类。"

8. 教师选择一个有生命的物体（比如乌龟），让儿童讨论它是否有生命，并说出理由。

9. 教师总结："因为乌龟能够自己爬行，能够自己活动，所以它是有生命的。"讨论结束后，把乌龟放在绿色托盘中较安全的位置。

10. 教师再选择一个无生命的物体（如石头），让儿童讨论它是否有生命，并说出理由。

11. 教师总结："因为石头自己不能活动，所以是无生命的。"讨论结束后，把石头放在红色托盘中。用同样的方式让儿童把剩下的物体按照"有生命的"和"无生命的"来进行归类。

12. 教师引导："所有活着的、能够变化的物体都是有生命的，它们可以自己生存，属于有生命的，我们把这些有生命的物体放在绿色托盘里。所有无生命的物体都放在红色托盘里，这些无生命的物体自己不能活动。"

13. 教师带领儿童寻找教室里面有生命的和无生命的物体，并鼓励儿童在日常生活中学会区分有生命的和无生命的物体。

14. 工作结束后，教师指导儿童将教具放回工作架上。

错误控制：

1. 教师的指导和儿童间的相互启发。

2. 图片背面做上标记，儿童可以进行自我检查。

3. 确保有生命的物体和无生命的物体的数量相同。

年龄：

两岁半或以上。

活动变化与延伸：

1. 有生命和无生命的物体图片的分类。

2. 教师可以引导儿童思考第三个种类——它们以前是有生命的，但现在是无生命的，如标本、动物化石等。

3. 参观自然博物馆或相关展馆。

4. 在生活环境或自然界中辨认和巩固。

示范点评

　　蒙台梭利认为，儿童肉体生命和精神生命的养成都需要从大自然中汲取养分，自然给予了我们生命，同时也赋予我们生命发展的形式。

　　1. 在进行这项活动前，教师可邀请家长协助儿童收集相关资料，丰富儿童对"生命"概念的理解。

　　2. 外出寻找时要注意儿童的安全，所到场所无有害物质，在科学区材料的制作和投放上，安全性应是第一位的。

　　3. 分类过程中，教师需告诉儿童有生命的物体会生长和繁殖，有的还产生废物；告诉儿童有生命的物体和无生命的物体所存在的方式不同，是不同种类的物体；需向儿童阐释正确的科学文化知识，包括事实与规律，为儿童树立正确的科学观奠定基础。

2 植物和动物

教具构成：

教师和儿童分别收集不同的植物和动物，两张字卡（"植物"和"动物"）。

直接目的：

让儿童了解动物和植物的特征。

间接目的：

使儿童初步具备对动物和植物的鉴别能力，学会对动物、植物的概念进行分类。

示范过程：

1. 活动准备：教师和儿童分别带来日常生活中常见的植物和动物，供上课观察和学习使用，比如一株绿萝、一条小金鱼等。

2. 教师介绍本项活动的内容："今天我们一起来讨论一下植物和动物。"

3. 教师将儿童带来的动植物展示出来，引导儿童说出其名称，并用语言进行描述。

4. 教师引导："今天我们要把大家带来的物体，按照植物和动物的类别来进行区分。"

5. 教师讲解："每一株植物都有根，有的在土壤里面，有的在水里面，植物用根来吸收土壤和水里面的营养来供自己生长，它们是植物；动物没有根，它们能够自己活动，自己寻找食物，它们是动物。"

6. 教师选择一株植物（绿萝），让儿童思考它是植物还是动物，并说出理由。

7. 儿童说完后，教师给予评价或指正，并把绿萝放在工作毯（或桌面）的一边。

8. 教师选择一个动物（金鱼），让儿童思考它是植物还是动物，并说出理由。

9. 儿童说完后，教师给予评价或指正，并把金鱼缸放在工作毯（或桌面）的另外一边。

10. 教师用同样的方法让儿童试着把每一样准备好的物体都归类，并说出区分动植物的理由。

11. 教师引导儿童把"植物"和"动物"的标签放在相应的类别上。

12. 活动结束后，教师指导儿童将教具放回工作架上。

错误控制：

1. 教师的指导和儿童间的相互启发。

2. 确保植物和动物的数量相同。

年龄：

三岁及以上。

活动变化与延伸：

对日常生活中的动植物进行分类。

示范点评

蒙台梭利认为，随着观察兴趣的逐渐增长，儿童可以学会对动植物进行分类，并且萌发出关心生物的热情以及对母亲和教师爱护的感恩之心。

1. 在进行这项活动前，请家长协助儿童收集相关资料，丰富儿童对"动物"和"植物"概念的理解。

2. 该项工作的练习有助于儿童对植物和动物的特征有初步的了解和认识，并初步具备对植物和动物的鉴别能力。

3. 外出寻找时要注意儿童的安全，所到场所无有害物质，在工作中，安全性是第一位的。

4. 教师需注意指导儿童了解不同的植物和动物，动植物不同的外形特点，以及植物吸收养分和动物获取食物的区别，以便儿童对科学文化知识有清晰的认识，概念的明确是非常重要的。

5. 引导儿童观察、培育动植物，有助于儿童从中思考自然、理解自然，帮助儿童养成观察的习惯，是进行科学文化教育的前提。

3 观察植物

教具构成：

一把剪刀，一碗干净的水，三
种不同类型的盆栽植物（第一种植
物是叶子比较光滑的，如绿萝；第
二种植物是生活中可以食用的，如
西芹；第三种植物是有明显气味的，
如薄荷）。

直接目的：

发展儿童对植物的视觉、触觉、嗅觉和味觉等方面的感受能力。

间接目的：

儿童通过对植物的观察，利用多个感官（视觉、触觉、嗅觉和味觉）
获取大量的感性经验，提升认知发展水平。

示范过程：

（一）视觉和触觉练习

1. 教师把绿萝放到儿童面前，介绍植物的名称。

2. 教师引导儿童观察植物，鼓励儿童表达自己的观察结果。

3. 教师提示："叶面是什么样的？摸起来是什么感觉呢？"

4. 教师向儿童示范如何触摸植物，指导儿童进行触觉练习，感觉叶面是光滑的。触摸时手要轻，以防伤害到植物。

5. 教师提醒儿童："不要随便用手触摸不了解的植物。"

（二）味觉练习

1. 教师将西芹洗干净放到干净的盘子里。

2. 教师介绍植物名称"西芹"，请儿童对西芹进行观察和讨论。

3. 教师告诉儿童西芹和其他常见植物的区别："西芹可以食用。"

4. 教师用剪刀剪下一片叶子或者其他可以食用的部位，清洗干净，让儿童放到嘴里品尝。

5. 教师询问儿童："叶子是什么味道的？"教师说出几种可以吃的常见植物，并询问儿童有没有品尝过，是什么味道，提高儿童对味觉的敏感度。

6. 教师与儿童讨论哪些植物可以食用，哪些植物不可以食用，提醒儿童不要随便品尝任何植物。

（三）嗅觉练习

1. 教师介绍薄荷，告诉儿童这种植物与其他植物的不同之处：这种植物的叶子有明显的气味。

2. 教师示范如何用手指在植物的叶子上轻轻擦拭，然后闻一下手指的味道（也可以直接靠近薄荷），引导儿童描述所闻到的味道和自己的感受。

3. 教师和儿童一起想想、说说味道比较重的植物还有哪些。

错误控制：

1. 教师的指导和儿童间的相互启发。

2. 在植物下面做上标记，使儿童可以自我检查。

年龄：

三岁及以上。

活动变化与延伸：

引导儿童在日常生活中观察植物并说出其特征。

示范点评

蒙台梭利既强调儿童对事物的操作、观察，又强调教师指导儿童调动各种感官参与工作的能力，通过对植物的观察，儿童能够从自己动手、动眼、动脑的过程中汲取大量的感官经验，提升认知发展水平。

1. 教师在选取植物之前，要确保植物的安全性，保证植物不会对人体造成伤害，在材料的选取与制作过程中，安全性是第一位的。

2. 儿童在操作过程中不要随便品尝植物，在教师的引导下进行操作，教师需提供"有准备的环境"，其中包括能保护儿童、让儿童有安全感的环境。

3. 发展儿童的视觉、触觉、嗅觉、味觉等方面的感受能力，注意指导儿童感受不同植物在视觉、触觉、嗅觉和味觉上的不同之处。

4. 培养儿童用语言描述各种植物的能力，促进儿童语言能力的发展。儿童语言的初步发展是建立在口头语言的基础上的。

5. 培养儿童的观察能力，通过儿童的自我感受，来激发他们对植物的兴趣。教师要注意对儿童观察能力的培养，这也能够促进儿童感官能力的发展。

4 植物生长的基本需求

教具构成：

种在花盆里的若干棵植物幼苗（同一种植物），写有"有阳光""无阳光""有水分""无水分""有空气""无空气"等字样的标签若干，若干个能装进整株植物的盒子。

直接目的：

让儿童了解植物生长所必需的条件。

间接目的：

激发儿童对植物探索的兴趣。

示范过程：

1. 教师与儿童一起讨论："植物的生长需要哪些条件呢？"教师引导儿童说出阳光、空气、水等因素，并列出表格。

表2-1　植物观察表

	第一天	第二天	第三天	第四天	……	第十五天	结论
有阳光、空气、水或养分							
没有阳光、空气、水或养分							
有阳光、空气，没有水或养分							
没有阳光、空气，有水或养分							
有阳光，没有空气、水或养分							
没有阳光，有空气、水或养分							
没有阳光、水，有空气							
有阳光、水或养分，没有空气							

2. 教师给儿童讲解表格内容，并向儿童说明在接下来的两个星期内，将通过实验来说明植物的生长需要哪些条件。

3. 教师将准备好的一株植物放在儿童面前，请儿童猜测并说出植物生长所需要的条件，比如"有阳光、有空气、有水或养分""有阳光、有空气、没有水或养分"等，然后将对应的卡片放到存放植物的盒子里。

4. 教师继续拿出另一盆植物，请儿童猜测并说出植物生长所需要的条件，并把卡片对应放好。

5. 在放卡片的过程中，教师引导儿童思考，比如："如果植物没有阳光会怎么样呢？"在这一株植物的盒子里放一个"没有阳光"的标签，提醒儿童这株植物没有得到阳光的照射。如果这株植物需要水，在它前面放一个"有水"的标签，并将这株植物放在接触不到阳光但有水的盒子里面。

6. 教师按照同样的方法请儿童讨论其他六株植物，并将儿童的想法用标签在每株植物前做上标记。

7. 教师向儿童出示一张表格（植物观察表），在表格上记录下每株植物在两个星期内的生长情况。

8. 教师每天抽出一定的时间请儿童观察每株植物，并在表格上记录下每株植物的生长情况。

9. 两个星期结束后，教师将所有的植物都摆放在儿童面前，请儿童观察并描述出每一株植物的生长情况，并讨论当初的设想是否正确。

10. 讨论结束后，教师以生长状况最好的植物为样本，让儿童从中总结出植物生长所需要的必要条件。

错误控制：

教师的指导以及观察记录表格上的记录情况。

年龄：

三岁或以上。

活动变化与延伸：

向光性实验：植物需要阳光，植物向着阳光生长。把一株幼苗放到一个盒子中，然后在这个盒子的外面依次套上几个更大的盒子，这些盒子上都有缝隙，光可以穿过这些缝隙，植物会朝着光源的方向成长，并努力地从那些缝隙中长出来。

示范点评

蒙台梭利认为，儿童的学习是以直接经验为基础、在游戏和日常生活中进行的。教育内容越贴近生活，越是能带给儿童直观的丰富经验。

当儿童通过观察懂得播种的植物需要来自大自然的阳光和空气，需要依靠他们细心的浇水；饲养的动物需要依靠他们勤勉的喂食，才能更加健康茁壮地成长，那么儿童会更加热爱自然，会开始感到对生命负有责任，从而获得一种自主教育。

1. 教师在本次活动前准备好并熟悉所有实验所需要的知识和样本，教师需为儿童提供一种"有准备的环境"，教师是儿童活动的观察者和指导员。

2. 儿童在观察期间不可以损坏植物幼苗，儿童需要在教师的引导下观察植物。

3. 激发儿童对植物的兴趣并探索植物生长所需要的条件，发展儿童的科学探究能力。

4. 教师需要注意指导儿童观察植物在不同条件下的生长状况，感受植物的不同变化，并指导儿童初步学会科学记录的方法，培养儿童的持续观察能力与专注性。

5　植物的组成

教具构成：

一盆有花和果的植物，一碗水，纸巾。

直接目的：

让儿童学习植物的各个组成部分。

间接目的：

发展儿童对植物的兴趣和注意力。

示范过程：

1. 教师介绍本项活动的内容："今天我们来讨论和学习一下植物的各个组成部分。"

2. 教师将准备好的植物摆放在工作毯（或桌面）上，教儿童认识植物的各个组成部分，如根、茎、叶、花、果实、种子等。

3. 教师引导儿童认识"根"，告诉儿童："植物的根一般是我们看不到的，它一般存在于土壤或者水里。"

4. 教师将植物的根从土壤里取出来，用水把根部清洗干净，用纸巾擦干，放在工作毯（或桌面）上。

5. 教师指导儿童认识根部，观察根的外形，知道根的作用。

6. 教师将植物的各部分名称卡分给儿童，请儿童将其对应放在植物的各组成部分旁边。

7. 观察结束后，教师将植物栽回到花盆里。

错误控制：

教师的指导和儿童间的相互启发。

年龄：

三岁或以上。

活动变化与延伸：

在日常生活中观察不同植物的根、茎、叶、果实等部位。

示范点评

蒙台梭利认为，儿童总是对生命形态的一切表现形式怀揣着极大的兴趣，儿童好奇好问，对自然界中的一花一草一木都兴趣盎然，对植物各个组成部分的观察和认识，是儿童感知植物生命的重要途径。

1. 让儿童学习植物各组成部分的名称，了解根的脆弱性，了解如何保护根的常识。概念的明确是进行科学文化教育的前提。

2. 让儿童见到平时见不到的植物的根，引起儿童的兴趣和注意力，并培养儿童对植物的兴趣，培养儿童热爱植物、关爱生命的情感。儿童的发展是在与环境的交互作用中进行的，培养儿童对环境的兴趣与情感，能更好地促进儿童的发展。

6 树拼图

教具构成：

树拼图。

直接目的：

让儿童进一步了解植物的组成部分及
名称。

间接目的：

让儿童为下一步学习"植物的结构三部卡"做准备。

示范过程：

1. 教师出示树拼图，引导儿童进一步学习树的各个组成部分（树叶、
树枝、树干）。

2. 教师请儿童将拼图的各个组成部分取下来，散放在桌面上，然后在
桌面上拼成完整的图案。

3. 教师请儿童说出树的各部分名称。

4. 教师指导儿童将拼图摆回嵌板。

5. 工作结束后，教师指导儿童将拼图放回教具架上。

错误控制：

教师的指导和拼图教具本身的自我修订功能。

年龄：

三岁或以上。

活动变化与延伸：

引导儿童在日常生活中观察植物的各个部分，并回忆各组成部分的名称。

示范点评

蒙台梭利科学文化教育的特点之一就是儿童通过操作、通过感官来学习科学文化知识，这是一种体验式的方法。教师所要做的是教给儿童认知世界的基本方法，要给儿童留有想象和探索的空间，同时要注意保护儿童探究的兴趣。

1. 使儿童认识树的各个部分名称，了解整体与部分的关系，为下一步的概念学习做好准备。

2. 引导儿童在日常生活中观察植物，并了解各个部位的名称和功能。

3. 蒙台梭利拼图教具的选择，可以激发儿童探究的兴趣。儿童在初步学习名称之后，教师就可以设置一种能引发儿童思考和探究的学习环境。

7　植物的结构三部卡

教具构成：

植物的结构三部卡（控错卡、图片卡和名称卡）。

直接目的：

使儿童掌握植物的各部分名称和结构。

间接目的：

由图片向符号过渡，帮助儿童形成抽象概念。

示范过程：

1. 教师向儿童介绍活动内容："今天，我们将学习树的结构组成。"

2. 教师将带有图文的控错卡放在工作毯（或桌面）上，沿工作毯（或桌面）的上侧边缘从左往右排成一列，教儿童认识植物各部位的名称，然后收起控错卡。

3. 教师将图片卡（根、茎、叶、花、果实、种子）分发给儿童。

4. 教师指导："请拿着'根'图片的小朋友把卡片送过来放到工作毯（或桌面）上。""请拿着'茎'图片的小朋友把卡片送过来放到工作毯（或桌面）上。"以此类推，在工作毯（或桌面）上侧边缘按照从左往右的顺序摆好。

5. 教师请拿名称卡的儿童在工作毯（或桌面）上对照相应的图片放好。

6. 教师拿出控错卡对应放在图片卡和名称卡下面，帮助儿童纠错。

7. 教师指导儿童阅读这些名称卡，形成抽象概念。

8. 活动结束后，教师按照顺序收起所有卡片。

错误控制：

控错卡。

年龄：

三岁及以上。

活动变化与延伸：

通过找朋友的方式让儿童进行图文配对。

示范点评

　　蒙台梭利强调儿童对于事物的操作、观察，重视感官和大脑思维的参与，儿童的工作有其自身的节奏，他们不断地动手操作、动脑思考、动嘴表达、动眼观察，并逐步从概念学习上升到抽象理解，直至完成某个特定的工作周期。

1. 加强儿童对植物结构和名称的了解，由图片向符号过渡，帮助儿童形成抽象概念，加强儿童对植物名称概念的学习和理解。

2. 进一步培养儿童对植物学的兴趣，并培养他们的观察力。在儿童认识世界的过程中，观察力是第一位的。

3. 帮助儿童了解植物学在生活中的应用，可以为儿童的社会生活做准备。

4. 可以让儿童在生活中寻找植物的其他用途，如可以用作中草药、装饰物、标本，可以食用、环保等，有利于培养儿童的发散性思维。

8 根——根的拼图

教具构成：

根的拼图。

直接目的：

让儿童进一步了解和学习植物的组成部分和名称。

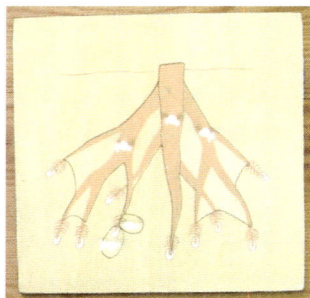

间接目的：

为儿童下一步学习"根的结构三部卡"做准备。

示范过程：

1. 教师带领儿童复习根的各个组成部分。

2. 教师出示根的拼图，指导儿童认识根的结构——主根、侧根。

3. 教师从拼图中取出根的各个组成部分，散放在工作毯（或桌面）上，并请儿童说出其各个组成部分的名称。

4. 教师将散放的根的组成部分在工作毯（或桌面）上拼出完整的根。

5. 教师指导儿童将摆在工作毯（或桌面）上的拼图摆回嵌板。

6. 活动结束后，教师将拼图放回工作架上。

错误控制：

教师的指导和教具本身的自我修订功能。

年龄：

三岁或以上。

活动变化与延伸：

1. 对照拼图在纸上画出根的各个组成部分。

2. 通过绘画和装订，制作成简单的根的小图书。

示范点评

蒙台梭利认为，儿童发展到成人的整个时期，应给儿童提供必不可少的帮助，环境是十分重要的。如之前给儿童讲述了植物各部分的名称后，就可以提供儿童能力自由发展的空间，如提供三部卡，进一步深入了解植物各部分的功能。

1. 加强儿童对植物结构和名称的了解，加强儿童对植物名称概念的学习和理解。该项工作的练习有助于儿童进一步了解根具有吸收、输送、固定、支持、贮藏和繁殖的功能。

2. 进一步培养儿童对植物学的兴趣，并培养他们的观察力。观察是儿童与外部世界建立联系的重要环节。

3. 帮助儿童了解植物学在生活中的应用，促进儿童对概念知识的进一步使用。

9 根——根的结构三部卡

教具构成：

根的结构三部卡（控错卡、图片卡和名称卡）。

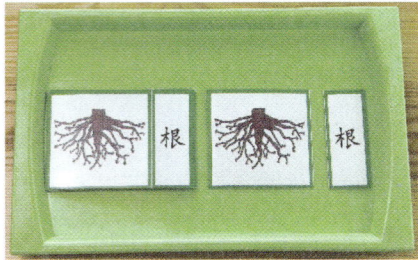

直接目的：

1. 帮助儿童进一步了解根的各个部位的名称。

2. 了解根的结构和功能。

间接目的：

1. 培养儿童对根的兴趣。

2. 帮助儿童形成抽象概念。

示范过程：

1. 教师介绍活动内容："今天，我们将学习根的结构组成。"

2. 教师将带有图片和文字的控错卡放在工作毯（或桌面）上，沿工作毯（或桌面）的上侧边缘从左往右排成一列，教儿童认识根各部位的名称，然后收起控错卡。

3. 教师将图片卡（主根、次根和根尖：根冠、分生区、伸长区、成熟区即根毛区）分发给儿童。

4. 教师提问："请拿着'根尖'图片的小朋友把卡片送过来放到工作毯（或桌面）上。""请拿着'主根'和'次根'图片的小朋友把卡片送过来放到工作毯（或桌面）上。"以此类推，在工作毯（或桌面）上侧边缘按照从左往右的顺序摆好。

5. 教师请拿名称卡的儿童在工作毯（或桌面）上对照相应的图片对应放好。

6. 教师拿出控错卡对应放在图片卡和名称卡下面，帮助儿童纠错。

7. 教师指导儿童阅读这些名称卡，形成抽象概念。

8. 活动结束后，教师按照顺序收起所有卡片。

错误控制：

教师的指导和控错卡。

年龄：

三岁或以上。

活动变化与延伸：

1. 通过找朋友的方式让儿童进行图文配对。

2. 介绍根的其他部位的名称及功能，如根尖、根冠。

示范点评

蒙台梭利认为，儿童在发展的不同阶段，教师的指导是必不可少的，教师需要为儿童提供一种"有准备的环境"。例如，之前给儿童讲述了植物各部分的名称后，就可以提供儿童自由发展的空间，可提供三部卡，帮助儿童进一步了解植物各部分的名称。

1. 加强儿童对植物结构和名称的了解，由图片向文字符号过渡，帮助儿童形成抽象概念。

2. 儿童通过图片与文字配对的过程，可以体会到工作的兴趣。对儿童有吸引力的环境是教师需要准备的。

3. 这项操作练习有助于培养儿童的秩序感和独立性，儿童独立完成工作，既可以获得成就感，又可以促进其独立性的发展。

10 根——根的形状

教具构成：

胡萝卜——圆锥形，红薯——纺锤形（两端渐细），土豆——椭圆形。

直接目的：

激发儿童对不同形状的根的兴趣。

间接目的：

使儿童了解根的作用。

示范过程：

1. 教师把准备好的根展示给儿童，引导儿童观察这些食材的根有什么不同。

2. 教师让儿童描述食材形状和特点，并给予儿童总结与评价。

（1）圆锥形状的根由顶端向底部逐渐变细（如胡萝卜）。

（2）纺锤形的根中间最粗，两端渐细（如红薯）。

（3）块茎状的根呈椭圆形，有凹凸不平的表面（如土豆）。

3. 活动结束后，教师请儿童说出根的形状的名称。

错误控制：

教师的指导和儿童间的相互启发。

年龄：

三岁或以上。

活动变化与延伸：

实际生活练习方面

1. 在加餐时间，请儿童品尝可食用的根，如胡萝卜、红薯等。

2. 春季和夏季，请儿童在花园中种植根可以食用的植物。

3. 教师带领儿童去农家地里亲自采摘植物的根。

感官训练方面

1. 视觉：比较不同的根的颜色和形状，找出差异。

2. 味觉：把根清洗干净，将它们切成小片，让儿童品尝。

3. 触觉：用手摸一摸不同的根，注意辨别根的表面是粗糙的还是光滑的。（提醒儿童注意有不能生吃的根，例如土豆）

4. 嗅觉：将不同的根切成小片，让儿童闻闻它们的气味。

数学教育方面

1. 让儿童数一数植物侧根的数量。

2. 让儿童数一数植物根毛的数量。

语言教育方面

在纸上写出根的各个组成部分的名称。

艺术教育方面

1. 把根切开，拓印各种根的形状。

2. 用彩笔画出各种根。

科学教育方面

1. 请儿童削胡萝卜的顶部，将它放到水里，观察它能否生长。

2. 将土豆放在暗处，观察它能否生长。教师给儿童出示一个发芽的土豆，让儿童观察并思考。

3. 将无根的绿萝放在装有清水的花瓶里，观察其根的生长发育过程。

示范点评

蒙台梭利认为，儿童对植物的探索和认知是在工作中进行的，在对儿童进行科学教育时，教师可以为儿童提供适宜的、丰富的、可操作性的材料，教师要注意儿童自身工作的自主性，注意发挥他们的独立性，以丰富儿童的感性经验和认知发展水平。

1. 使儿童进一步了解植物的组成部位和名称，加强儿童对根的结构和名称的学习。

2. 由图片向符号过渡，帮助儿童形成抽象概念，促进儿童对知识的进一步深化，儿童对科学文化知识的学习是一个渐进的过程。

11 茎的结构

教具构成：

一株小的盆栽植物，"茎""茎节""节间"的卡片标签，茎的组成三部卡。

直接目的：

让儿童了解和学习茎的各组成部分。

间接目的：

通过由实物向图片再向文字符号过渡，帮助儿童形成抽象概念。

示范过程：

（一）观察茎

1. 教师把植物拿到儿童面前，指导儿童认识哪一部分是茎。

2. 教师讲解什么是茎、茎节、节间。

3. 教师出示"茎""茎节""节间"的标签，请儿童将标签放到与植物相对应的位置上。

（二）茎的组成三部卡

1. 教师将带有图片和文字的控错卡放在工作毯（或桌面）上，沿工作毯（或桌面）的上侧边缘从左往右排成一排，教儿童认识茎的各个组成部分的名称，然后收起控错卡。

2. 教师将图片卡（茎、茎节、节间）分发给儿童。

3. 教师提问："请拿着'茎'的图片的小朋友把卡片送过来放到工作毯（或桌面）上。""请拿着'节间'图片的小朋友把卡片送过来放到工作毯（或桌面）上。"以此类推，在工作毯（或桌面）上侧边缘按照从左往右的顺序摆好。

4. 教师请拿名称卡的儿童在工作毯（或桌面）上对照相应的图片对应放好。

5. 教师拿出控错卡对应放在图片卡和名称卡下面，帮助儿童纠错。

6. 教师指导儿童阅读这些名称卡，形成抽象概念。

7. 活动结束后，教师按照顺序收起所有卡片。

错误控制：

教师的指导和教具本身的自我修订功能。

年龄：

三岁或以上。

活动变化与延伸：

在实际生活中观察身边植物的茎。

示范点评

蒙台梭利认为，最能培养对大自然情感的事情是栽培有生命力的植物，在与环境互动的过程中，能够培养儿童的爱心、细心以及明确的、持久的观察能力。

1. 使儿童了解茎是植物主要的营养器官，担负着输送养分及支持叶的重任，它包括茎节、节间、叶腋、腋芽、茎端芽、茎尖等，促进儿童对概念的进一步认识与理解。

2. 在实际生活练习中，儿童在午餐中可以品尝各种可食用的植物茎，如芹菜、莴苣等；儿童可用不同的蔬菜茎制作饮料（蔬菜汁）。

3. 在感官训练中，让儿童比较各种蔬菜的茎的特点，如芹菜和花椰菜，通过视觉、触觉、味觉等感官训练，帮助儿童辨别物体，认识周围事物。

4. 在科学文化教育中，准备一些植物的茎，有草本植物的茎（小麦、玉米），也有木本植物杨树、柳树的茎，用刀切茎的横断面，了解茎的软硬也是不同的，教师需要为儿童提供有合适材料的环境。

12　叶子——叶子拼图

教具构成：

叶子拼图。

直接目的：

让儿童掌握叶子各组成部分和名称。

间接目的：

1. 由拼图向图片、符号过渡，帮助儿童形成抽象概念。

2. 为儿童下一步学习"叶子的结构三部卡"做准备。

示范过程：

1. 教师出示叶子的拼图，并教给儿童叶子的各组成部分名称。

2. 教师从拼图中取出叶子的各组成部分，散放在工作毯（或桌面）上，并请儿童说出其各个组成部分的名称。

3. 教师将散放的叶子的组成部分在工作毯（或桌面）上拼出完整的叶子。

4. 教师将摆在桌面上的拼图摆回嵌板。

5. 活动结束后，教师将拼图放回工作架上。

错误控制：

教师的指导和教具本身的自我修订功能。

年龄：

三岁或以上。

活动变化与延伸：

1. 对照拼图在纸上画出叶子的各个组成部分。

2. 通过绘画和装订，制作成简单的关于叶子的小图书。

示范点评

蒙台梭利认为，最能培养对大自然的情感的事情是栽培有生命力的植物。而植物的成熟过程需要自然和人为悉心的照料，比如光合作用就是植物生长必需的养料。因此，通过这项操作练习，儿童能够体会付出的努力与回报的关系。

1. 教师需要提示儿童观察叶子拼图时有些部分可以分离，但还有些部分不可分离，例如叶缘、叶柄等。

2. 该项操作练习有助于儿童学习叶子的结构和名称，为儿童概念的深化做进一步准备。

3. 通过由拼图向图片和符号过渡，有助于形成儿童的抽象思维，儿童的认识过程是循序渐进的。

4. 让儿童了解树叶生长在植物茎的两侧，多是扁平、绿色、较宽的，这是为了能最大限度地吸收阳光，进行光合作用，并制造植物生长所必需的养料。

13　叶子——叶子的结构三部卡

教具构成：

叶子的结构三部卡（托叶、叶柄、叶片、叶脉的控错卡、图片卡、名称卡）。

直接目的：

让儿童进一步了解叶子各个部位的名称。

间接目的：

1. 培养儿童对叶子的兴趣。

2. 帮助儿童形成抽象概念。

示范过程：

1. 教师将带有图片和文字的控错卡放在工作毯（或桌面）上，沿工作毯（或桌面）的上侧边缘从左往右排成一排，教儿童认识叶子各部位的名称，然后收起控错卡。

2. 教师将图片卡分发给儿童。

3. 教师提问："请拿着'托叶'图片的小朋友把卡片送过来放到工作毯（或桌面）上。""请拿着'叶柄'图片的小朋友把卡片送过来放到工作毯（或桌面）上。"以此类推，在工作毯（或桌面）上侧边缘按照从左往右的顺序摆好。

4. 教师请拿名称卡的儿童在工作毯（或桌面）上对照相应的图片对应放好。

5. 教师拿出控错卡对应放在图片卡和名称卡下面，帮助儿童纠错。

6. 教师指导儿童阅读名称卡，形成抽象概念。

7. 活动结束后，教师按照顺序收起所有卡片。

错误控制：

教师的指导和控错卡。

年龄：

三岁或以上。

活动变化与延伸：

通过找朋友的方式让儿童进行图文配对。

示范点评

蒙台梭利认为，儿童通过对事物的操作和观察，进一步掌握事物的概念，并逐步上升到抽象理解。

1. 加强儿童对叶子结构和名称的学习，在这个过程中，教师对概念的说明与分析必须简洁、明白、客观。

2. 由拼图向图片和文字符号过渡，帮助儿童形成抽象概念。

3. 通过图片与文字配对的过程，有助于培养儿童的秩序感和独立性，帮助儿童形成独立思考、独立判断和独立工作的能力。

14 叶子的形状

教具构成：

树叶图形嵌板橱，叶子形状三部卡。

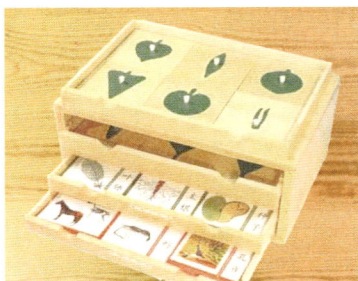

直接目的：

让儿童了解各种形状的树叶的名称。

间接目的：

由实物向拼图、图片、文字符号过渡，帮助儿童形成抽象概念。

示范过程：

（一）叶形嵌板橱

1. 教师将叶形嵌板橱的第一层拿出来展示给儿童。

2. 教师左手三指拿出嵌板，右手二指（食指和中指）顺时针触摸嵌板边缘，然后散放在工作毯（或桌面）上。

3. 教师让儿童按照上述方法操作其他嵌板。

4. 操作结束后，教师请儿童把散放于工作毯（或桌面）上的嵌板对应放回到叶形嵌板橱中。

5. 其他三层嵌板操作步骤同上。

（二）叶形三部卡

1. 教师向儿童介绍学习内容："今天，我们一起学习叶子的不同形状。"

2. 教师将带有图片和文字的控错卡放在工作毯（或桌面）上，沿工作毯（或桌面）的上侧边缘从左往右排成一列，教儿童认识不同的叶子形状，然后收起控错卡。

3. 教师将图片卡（卵形、倒卵形、心脏形、椭圆形、箭形、三角形、圆形、盾形、线形、针形、锯齿形、肾脏形、竹叶形、条形、披针形、掌裂状、倒羽裂状、圆齿状、波状、羽裂状、浅波状、掌状等）分发给儿童。

4. 教师提问："请拿着'卵形叶子'图片的小朋友把卡片送过来放到工作毯（或桌面）上。""请拿着'心脏形叶子'的图片的小朋友把卡片送过来放到工作毯（或桌面）上。"以此类推，在工作毯（或桌面）上侧边缘按照从左往右的顺序摆好。

5. 教师请拿名称卡的儿童在工作毯（或桌面）上对照相应的图片对应放好。

6. 教师拿出控错卡对应放在图片卡和名称卡下面，帮助儿童纠错。

7. 教师指导儿童阅读这些名称卡，形成抽象概念。

8. 活动结束后，教师按照顺序收起所有卡片。

错误控制：

教师的指导和控错卡。

年龄：

三岁或以上。

活动变化与延伸：

通过找朋友的方式让儿童进行图文配对。

示范点评

蒙台梭利认为，儿童肉体生命和精神生命的养成都需要从大自然中汲取养分，通过观察叶子及叶子在各个领域内的延伸活动，儿童可以从中思考自然、理解自然，谨记人与自然应和谐相处。

1. 教师指导儿童观察叶子的形状、叶子的脉络，让儿童了解各种形状的树叶的名称，体会图片与文字配对的过程，引发儿童对树叶形状的兴趣。

2. 由实物向拼图、图片、符号过渡，帮助儿童形成抽象概念，为下一步知识的学习做准备。儿童每一阶段的学习都具有连续性，前一阶段是后一阶段学习的准备。

3. 在实际生活练习中，可以请儿童品尝各种可食用植物（如莴苣、菠菜或白菜）的叶子。请儿童品尝夹着各种可食用叶子的汉堡和饼干。请儿童品尝用不同的叶子泡的茶水（如龙井茶、苦丁茶）。

4. 在感官训练中，让儿童关注不同季节叶子的变化，儿童可以比较不同树叶的不同形状和颜色，通过视觉训练帮助儿童提高鉴别物体形状、大小、颜色、高低等外部特征的能力。

15 花的结构认识

教具构成：

花的拼图，花的三部卡（花梗、花托、花柄、花萼、花冠、花被、蜜腺、雄蕊和雌蕊的控错卡、图片卡、名称卡）。

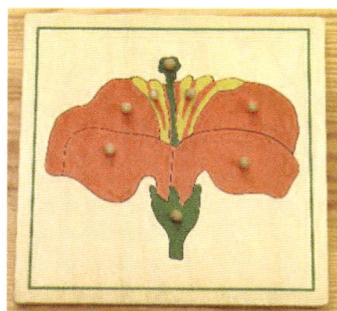

直接目的：

让儿童认识花的各组成部分，掌握其名称。

间接目的：

1. 由实物向拼图、图片、文字符号过渡，帮助儿童形成抽象概念。

2. 激发儿童对花的兴趣。

示范过程：

（一）花的拼图

1. 教师出示花的拼图，并教给儿童花的各组成部分的名称。

2. 教师从拼图中取出花的各个组成部分，散放在工作毯（或桌面）上，并请儿童说出其各个组成部分的名称。

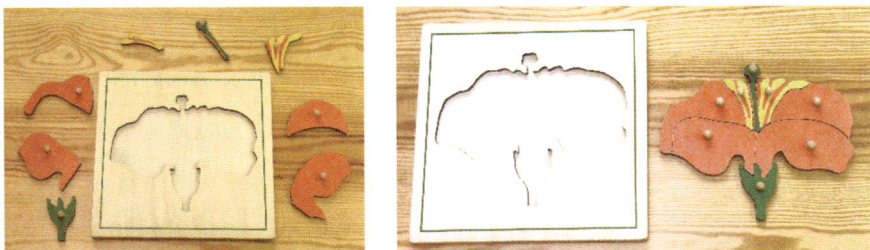

3. 教师将散放的花的组成部分在工作毯（或桌面）上拼出完整的花。

4. 教师将摆在工作毯（或桌面）上的拼图摆回嵌板。

（二）花的三部卡

1. 教师将带有图片和文字的控错卡放在工作毯（或桌面）上，沿工作毯（或桌面）的上侧边缘从左往右排成一排，教儿童认识花的各部位的名称，然后收起控错卡。

2. 教师将图片卡分发给儿童。

3. 教师提问："请拿着'花梗'图片的小朋友把卡片送过来放到工作毯（或桌面）上。""请拿着'花托'图片的小朋友把卡片送过来放到工作毯（或桌面）上。"以此类推，在工作毯（或桌面）上侧边缘按照从左往右的顺序摆好。

　　4. 教师请拿名称卡的儿童在工作毯（或桌面）上对照相应的图片对应放好。

　　5. 教师拿出控错卡对应放在图片卡和名称卡下面，帮助儿童纠错。

　　6. 教师指导儿童阅读这些名称卡，形成抽象概念。

　　7. 活动结束后，教师按照顺序收起所有卡片。

错误控制：

教师的指导和教具本身的自我修订功能。

年龄：

三岁或以上。

活动变化与延伸：

实际生活练习方面

1. 请儿童品尝不同的花茶，如菊花茶、玫瑰花茶等。

2. 教师给儿童示范插花，用花布置教室，用不同的花编制花环等。

感官训练方面

1. 视觉：认识不同颜色的花。

2. 味觉：选择可以食用的花，清洗干净，请儿童品尝。

3. 触觉：请儿童触摸花的各个组成部分，感受不同的部位带来的感觉。

数学教育方面

1. 请儿童数一数所准备的花朵的数量。

2. 请儿童根据花的形状和颜色对花朵进行分类。

语言教育方面

请儿童写出跟花相关的词语词汇。

艺术教育方面

1. 进行花的艺术绘画练习。

2. 请儿童欣赏各种花的图画，培养儿童的艺术欣赏能力。

3. 用枯萎的花制作标本和贴画。

示范点评

　　蒙台梭利认为，在3-6岁年龄阶段，儿童要问问题，但儿童无法接受冗长的解释，因此教师只需给出简单的答案，尽可能用实物来说明，比如让儿童在实际生活中学习花的各组成部分，并引导儿童通过浇水、施肥等自主性活动培养热爱自然的情感。

1. 教师指导儿童观察美丽的花及花的各个组成部分，体会图片与文字的配对过程，激发儿童对花的兴趣。

2. 认识花的各组成部分，了解其名称，由实物向拼图、图片、文字符号过渡，帮助儿童形成抽象概念。

3. 在实际生活练习中，让儿童品尝用不同的花泡制的茶，如菊花茶、玫瑰花茶等，通过味觉来了解周围的事物。

4. 在感官训练中，儿童可以比较不同的花的颜色、形状和大小。曾经有人统计过四千多种花的颜色，其实不外乎红、橙、黄、绿、青、蓝、紫、白、黑九种。但因为每朵花中所含的色素及酸碱性物质多少的不同，而且水分、温度、日照等环境条件也有很大差别，所以花的颜色有深浅之别。

5. 在数学教育中，请儿童数出各种花的花瓣、花萼、雄蕊、雌蕊的数量，并一一记录下来，制作花的观察笔记。在初步数学教育中，教师可以让儿童通过日常工作、生活中的数数来实现计数学习的教育目的。

6. 在科学文化教育中，用花瓣制作色水，进行染色，不同的花有不同的生长习性，可进行相关的实验，这种设计有助于儿童发散性思维的培养。

16　果实的结构

教具构成：

一个苹果，切菜板（或托盘）和

刀，果实的拼图，果实的三部卡。

直接目的：

让儿童学习果实结构的名称。

间接目的：

1. 由实物逐步过渡到文字符号，帮助儿童形成抽象概念。

2. 激发儿童对果实的兴趣。

示范过程：

1. 教师取出苹果，与儿童一起讨论。

2. 教师将苹果从中间纵向切开，请儿童观察苹果的结构。

3. 教师指导儿童认识苹果的各个组成部分：外果皮、中果皮（果肉）、内果皮（包含种子）。

4. 教师告诉儿童，苹果是植物的果实，种子在果实的最里面。

5. 教师把果实各组成部分的标签发给儿童，与真实的果实相配对。

（一）果实的拼图

1. 教师出示果实的拼图，并教给儿童果实的各组成部分。

2. 教师从拼图中取出果实的各个组成部分，散放在工作毯（或桌面）上，并请儿童说出其各个组成部分的名称。

3. 教师将散放的果实的组成部分在工作毯（或桌面）上拼出完整的果实。

4. 教师将摆在工作毯（或桌面）上的拼图摆回到拼图框上去。

（二）果实的三部卡

1. 教师将带有图片和文字的控错卡放在工作毯（或桌面）上，沿工作毯（或桌面）的上侧边缘从左往右排成一排，教儿童认识果实的各部位的名称，然后收起控错卡。

2. 教师将图片卡分发给儿童。

3. 教师提问："请拿着'果皮'图片的小朋友把卡片送过来放到工作毯（或桌面）上。""请拿着'种子'图片的小朋友把卡片送过来放到工作毯（或桌面）上。"以此类推，在工作毯（或桌面）上侧边缘按照从左往右的顺序摆好。

4. 教师请拿名称卡的儿童在工作毯（或桌面）上对照相应的图片对应放好。

5. 教师拿出控错卡对应放在图片卡和名称卡下面，帮助儿童纠错。

6. 教师指导儿童阅读这些名称卡，形成抽象概念。

7. 活动结束后，教师按照顺序收起所有卡片。

错误控制：

教师的指导和教具本身的自我修订功能。

年龄：

三岁或以上。

活动变化与延伸：

实际生活练习方面

1. 教儿童如何清洗水果和切水果。

2. 制作水果沙拉。

感官训练方面

1. 视觉：认识不同颜色的水果。

2. 味觉：请儿童品尝不同种类的果实的味道。

3. 触觉：请儿童触摸不同的果实，体会不同的触感。

4. 嗅觉：请儿童闻不同果实的气味。

数学教育方面

1. 根据形状、颜色、大小、味道和触感对果实进行分类。

2. 对果实进行计数。

科学文化教育方面

告诉儿童不同水果的营养价值以及多吃水果的好处。

艺术教育方面

1. 进行水果的简笔画等绘画练习。

2. 用橡皮泥制作果实。

3. 欣赏水果的艺术画，培养儿童的欣赏力和想象力。

示范点评

蒙台梭利认为，孩子天然赋有热爱生命一切表现形式的特点，在他们的精心照料下，看到果实的心情肯定是欣喜和幸福的。

1. 儿童学习果实结构的名称，由实物逐步过渡到文字符号，帮助儿童形成抽象概念。

2. 通过果实拼图、三部卡的设计，来吸引儿童的注意力，同时在认识果实结构的过程中，会自然而然地增加儿童对果实的兴趣。

3. 通过教师讲解果实在各个领域的延伸活动，有助于儿童了解自己吃过的水果的结构，教师可引导儿童注意观察日常生活中的水果，加深对周围事物的认知。

17　种子的结构

教具构成：

浸泡过的豆子（已有胚芽），干净的纸巾，未浸泡的种子，种子的结构三部卡。

直接目的：

引导儿童学习种子各部分的名称。

间接目的：

1. 由实物向文字符号过渡，帮助儿童形成抽象概念。

2. 激发儿童对种子的兴趣，知道种子可以孕育新的生命。

示范过程：

（一）真正的种子

1. 教师介绍本项活动的学习内容："今天我们要一起学习种子的结构。"

2. 教师把已经浸泡过的种子放到干净的纸巾上，请儿童用自己的语言描述出种子的外形。

3. 教师提醒儿童："种子里面还有很多我们从表面观察不到的东西，所以我们需要去掉种皮，然后分开进行观察。"

4. 教师将豆子从中间对半分开，告诉儿童豆子的两瓣是子叶，它为胚芽提供养料，请儿童仔细地观察它的结构。

5. 教师将胚芽从子叶中取出，请儿童观察并描述胚芽的结构。

6. 教师讲解："胚芽里面有一部分像一片微小的叶子，这个部位称为胚轴；还有一个光滑的细长部位从子叶中延伸出来，那是幼根，也被称为胚根。"

7. 教师把胚轴和胚根分开，分别放到干净的纸巾上，告诉儿童哪一个是胚轴，哪一个是胚根。

8. 教师把种子各组成部位的标签发给儿童，让儿童把标签与种子的各部分进行配对。

9. 活动结束后，教师指导儿童把教具送回工作架上。

（二）种子结构的三部卡

1. 教师将带有图片和文字的控错卡放在工作毯（或桌面）上，沿工作毯（或桌面）的上侧边缘从左往右排成一排，教儿童认识种子的各部位的名称，然后收起控错卡。

2. 教师将图片卡分发给儿童。

3. 教师提问："请拿着'种皮'图片的小朋友把卡片送过来放到工作毯（或桌面）上。""请拿着'子叶'的图片的小朋友把卡片送过来放到工作毯（或桌面）上。"以此类推，在工作毯（或桌面）上侧边缘按照从左往右的顺序摆好。

4. 教师请拿名称卡的儿童在工作毯（或桌面）上对照相应的图片对应放好。

5. 教师拿出控错卡对应放在图片卡和名称卡下面，帮助儿童纠错。

6. 教师指导儿童阅读这些名称卡，形成抽象概念。

7. 活动结束后，教师按照顺序收起所有卡片。

错误控制：

教师的指导和控错卡。

年龄：

三岁或以上。

活动变化与延伸：

1. 观察黄豆、果实等的种子。

2. 按照大小、种类等将不同的种子进行分类。

示范点评

　　蒙台梭利认为，儿童亲自动手培养植物，给它们浇水、施肥并加以观察，在实际动手和细心观察植物生长发展变化的过程中，儿童可萌发出对大自然的热爱之情。在此过程中，儿童循序渐进地发展了认知、动作技能以及情感、态度、价值观。

1. 激发儿童对种子的兴趣，知道种子可以孕育新的生命。

2. 引导儿童学习种子各部分的名称，由实物向文字符号过渡，帮助儿童形成抽象概念。

3. 在实际生活练习中，请儿童品尝各种熟的种子，比如黄豆、绿豆、蚕豆等。通过味觉训练，提高儿童的敏感度，增进和发展儿童的一般感受能力。

4. 在感官训练中，比较不同种子的颜色并进行分类；比较不同种子的形状并进行分类；比较不同种子的大小并进行分类。观察能力的训练有助于儿童成为敏锐的观察者。

5. 在科学文化教育中，将种子放入盛有水的玻璃器皿，请儿童观察不同位置的种子的发芽情况。可以介绍根的向地性（根总是朝下生长）和茎的向光性（茎总是向着光的方向生长）。适度的知识补充可以有效地拓宽儿童的知识面，促进儿童的发展。

第二章 动物学

1 观察蚂蚁

教具构成：

户外的蚂蚁，放大镜，透明玻璃瓶一个。

直接目的：

让儿童观察蚂蚁的外部特征和行为习性。

间接目的：

1. 让儿童学会用多种方法观察、记录蚂蚁。

2. 能对蚂蚁的形态和行为特征提出问题，并选择适合自己探究的问题。

3. 能表达和倾听他人的想法。

示范过程：

1. 教师请儿童跟随自己到户外，找大树或者土地上的蚂蚁洞，找到之后请儿童站好，不要挡住他人视线，拿出放大镜，教师与儿童一起观察蚂蚁。

2. 教师首先请儿童自主观察一段时间，之后，教师根据蚂蚁的行为进行讲解。

3. 教师对儿童讲解蚂蚁的行为："小朋友们仔细观察，蚂蚁正在干什么啊？蚂蚁正在搬运食物，米粒、面包屑、小虫子等都可以作为蚂蚁的食物。蚂蚁的力气非常大，可以搬动比自己重很多倍的东西呢！"

4. 教师提问："蚂蚁离开家去很远的地方找食物，怎样做才不会迷路呢？"请儿童思考并讨论。

5. 教师进行讲解："蚂蚁在走路时会将自己的气味留在地上，回家时闻着自己的气味，就可以找到自己的洞穴了。"

6. 教师提问："你们知道蚂蚁住在哪里吗？是和谁一起住的？"请儿童思考并讨论。

7. 教师进行讲解："蚂蚁像我们人类一样，很多同类是住在一起的，叫作'群居动物'。蚂蚁喜欢在大树上或者土壤中安家落户，在蚂蚁的大家庭里，有蚁后、工蚁、雄蚁等成员，其中，蚁后就像是蚂蚁国的王后一样，它在一个大大的地方产卵，生出来的幼虫会慢慢地变成工蚁，就是我们经常见到的蚂蚁，它们非常爱劳动，每时每刻都在寻找食物，清理巢穴。"

8. 教师对儿童说："下面我们一起仔细观察一下蚂蚁。"

9. 教师捏住几只蚂蚁，小心地将它们放入准备好的透明的玻璃瓶中，拧好瓶盖。

10. 教师蹲下，将玻璃瓶放平，请儿童仔细观察玻璃瓶中的蚂蚁。

11. 教师问儿童："小朋友们，蚂蚁长的是什么样子啊？"请儿童讨论并回答。

12. 教师进行讲解："蚂蚁的身体大致分为头部、胸部、腹部、足部，蚂蚁的足长在胸部，有6只。"

13. 教师请儿童再仔细观察蚂蚁，并请儿童总结有关蚂蚁的知识。

14. 教师与儿童一起将蚂蚁放生。

错误控制：

教师的指导和儿童的自我探究。

年龄：

三岁以上。

活动变化与延伸：

1. 教师可以请儿童发挥想象力，画出自己观察到的蚂蚁是什么样子的、它们在做什么等，并互相交流。

2. 教师搜集有关蚂蚁的纪录片或者动画片，请儿童集体观看，并交流感受。

示范点评

蒙台梭利认为，儿童对世界的探索和认知是在工作中进行的，他们通过不断观察和思考，从而对生命的真谛与意义有进一步的感悟。

1. 大自然是儿童最好的老师，这次活动以观察为主，教师应当引导儿童仔细观察、自主发现、积极交流。

2. 不论儿童说的是否正确，教师都应当给予正面的反馈和耐心的指导，教师的评价是引导儿童进一步发展的有效方式。

3. 教师应培养儿童的爱心，发现有用脚踩蚂蚁的现象应该及时制止，教师应培养儿童对大自然的亲切感，同时，教师对儿童的指导需及时、有效。

4. 该项活动有助于培养儿童热爱动物的感情，形成照顾动物的意识。教师必须重视儿童教育和社会发展的和谐关系。

2　昆虫三部卡

教具构成：

昆虫三部卡，托盘。

直接目的：

提高儿童对昆虫的认识。

间接目的：

1. 培养儿童由图片向文字符号过渡，形成关于昆虫的抽象概念。

2. 了解昆虫和人类及动植物的关系。

示范过程：

1. 教师取昆虫三部卡放在工作毯（或桌面）上。

2. 教师对儿童说："今天老师请小朋友们认识各种昆虫。"

3. 教师将各种昆虫的图片卡和名称卡分发到儿童手中，将控错卡留在教师手里。

4. 教师把印有图片和文字的控错卡按照从上到下的顺序，依次放在工作毯（或桌面）的左边。

5. 教师首先请儿童将图片与控错卡进行配对。教师询问儿童："请大家看工作毯（或桌面）上的第一张卡片，哪位小朋友手中的图片卡和它是一样的？请举手。"

6. 儿童举手示意，教师请儿童将手中的图片卡放在控错卡的右边。

7. 以此类推，教师将所有图片卡与控错卡进行配对。

8. 教师再请儿童将名称卡与控错卡进行配对。教师询问儿童："请大家看工作毯（或桌面）上的第一张卡片的名称，哪位小朋友手中的名称卡和它是一样的？请举手。"

9. 儿童举手示意，教师请儿童将手中的名称卡放在控错卡的右边。

10. 以此类推，教师将所有名称卡与控错卡进行配对。

11. 教师进行三阶段语言教学。教师指着第一张控错卡，对儿童说："这是××（昆虫名称）。"重复三遍。之后，教师询问儿童："××在哪里？"或者问："哪一个是××？"请儿童指出相应的卡片。最后，教师指着第一张卡片，询问儿童："这是什么？"请儿童回答出卡片上的名称。

12. 重复以上操作，教师请儿童认识卡片中所有的昆虫名称。

13. 教师整理教具，将三部卡放回托盘里，并将托盘放回工作架上。

错误控制：

教师的指导和教具本身的自我修订功能。

年龄：

三岁以上，学习过蚂蚁嵌板的儿童。

活动变化与延伸：

找朋友的游戏：请儿童分别拿一张卡片，找到与自己卡片上相同的昆虫。

示范点评

蒙台梭利认为，教师应成为儿童学习活动的支持者、合作者以及引导者，教师在操作练习中，既要对儿童进行合适的指导，又需要在适当的时机，陪伴儿童共同完成操作练习。

1. 大自然的资源是儿童最好的教学素材，通过观察和工作，提高儿童对昆虫的认识。

2. 动物学教育同样要遵循从具体到抽象、从整体到部分、从简单到复杂等一般认识的规律。通常，先让儿童与真实动物直接接触，获得感性认识后，再利用教具进行各部分名称的教学。

3. 这项操作练习有助于培养儿童热爱动物的意识，增强儿童照顾动物的能力。儿童通过操作嵌板教具，能从动手的过程中获得感官经验，提升自己的认知发展水平。

3 鱼的拼图嵌板

教具构成：

鱼的拼图嵌板，白纸和铅笔。

直接目的：

让儿童进一步了解鱼的结构及各部位的名称。

间接目的：

为下一步学习"鱼的三部卡"做准备。

示范过程：

1. 教师取鱼的拼图嵌板放在工作毯（或桌面）上。

2. 教师对儿童说："小朋友们，大家有没有观察过小鱼呢？大家知不知道小鱼的身体是由几部分组成的？今天，我们一起来进行鱼的拼图嵌板的工作。"

3. 教师请一位儿童将嵌板取出，散放在工作毯（或桌面）上。

4. 教师指导儿童将嵌板拼成一只完整的鱼。

5. 教师进行三阶段语言教学。教师指着一块嵌板，对儿童说："这是××（部位名称）。"重复三遍。之后，教师询问儿童："××在哪里？"或者问："哪一个是××？"请儿童指出相应的嵌板。最后，教师指着嵌板，询问儿童："这是什么？"请儿童回答出嵌板的名称。

6. 重复进行以上操作，教师指导儿童认识所有的嵌板名称：头部、身体、背鳍、鳃鳍、胸鳍、腹鳍、尾鳍。

7. 教师请儿童将嵌板散放，分别说出每一块嵌板是鱼的哪个部分。

8. 教师取白纸和铅笔，请儿童将一块嵌板放置在白纸中间，沿着嵌板的轮廓，小心地进行描绘，完成后说出嵌板的名称。

9. 其他嵌板的操作同上。

10. 教师将嵌板拼回原处，并放回教具架上。

错误控制：

教师的指导和教具本身的自我修订功能。

年龄：

两岁半以上，观察过鱼的儿童。

活动变化与延伸：

找朋友的游戏：教师请儿童分别拿一张卡片，找到与自己卡片上相同的鱼类。

示范点评

蒙台梭利认为，儿童应多接触自然，培养儿童对大自然的情感，包括观察力、责任心，同时，还能培养他们对世界万物的思考。

1. 教师制作鱼的各部位拼图的汉字卡片，让儿童将其与嵌板配对，提高儿童的动手操作能力。

2. 请儿童发挥想象力，画出自己心目中的鱼，并与同伴交流。在引导儿童发展方面，教师必须能给予儿童自由发展的空间，满足儿童的愿望。

3. 教师搜集有关鱼的纪录片或者动画片，请儿童集体观看，并交流感受，这有利于培养儿童的语言发展、沟通交流的能力。

4. 培养儿童喜爱小动物、与小动物和谐相处的情感，对自然情感的培养是促使儿童健康成长的有效途径。

4 鱼的三部卡

教具构成：

一条活的鱼或一个鱼的标本，鱼的三部卡，托盘。

直接目的：

加强儿童对鱼的结构和名称的学习。

间接目的：

1. 由图片向文字过渡，帮助儿童形成抽象概念。

2. 丰富儿童对鱼的结构、名称、功能等方面的认知经验。

示范过程：

1. 教师取鱼的三部卡放在工作毯（或桌面）上。

2. 教师对着活鱼或标本，与儿童一起复习鱼的各个部位：头部、身体、背鳍、鳃鳍、胸鳍、腹鳍、尾鳍。

3. 教师对儿童说："今天请小朋友们继续认识鱼的各个部分。"

4. 教师将图片卡与名称卡分发到儿童手中，将控错卡留在教师手里。

5. 教师把印有图片和文字的控错卡按照从上到下的顺序，依次放在工作毯（或桌面）的左边。

6. 教师首先请儿童将图片与控错卡进行配对。教师对儿童说："请大家看工作毯上的第一张卡片，哪位小朋友手中的图片卡和它是一样的？请举手。"

7. 儿童举手示意，教师请儿童将手中的图片卡放在控错卡的右边。

8. 以此类推，将所有图片卡与控错卡进行配对。

9. 教师再请儿童将名称卡与控错卡进行配对。教师对儿童说："请大家看工作毯上的第一张卡片的名称，哪位小朋友手中的名称卡和它是一样的？请举手。"

10. 儿童举手示意，教师请儿童将手中的名称卡放在控错卡的右边。

11. 以此类推，教师将所有名称卡与控错卡进行配对。

12. 教师进行三阶段语言教学。教师指着第一张控错卡，对儿童说："这是××（部位名称）。"重复三遍。之后，教师询问儿童："××在哪里？"或者问："哪一个是××？"请儿童指出相应的卡片。最后，教师指着第一张卡片，询问儿童："这是什么？"请儿童回答出卡片上的名称。

13. 重复以上操作，教师指导儿童认识卡片中各部位的名称：鱼头、鱼鳞、鱼鳍、鱼尾。

14. 教师整理教具，将三部卡放回托盘里，并将托盘放回工作架上。

错误控制：

教师的指导和控错卡。

年龄：

两岁半以上，操作过鱼拼图的儿童。

活动变化与延伸：

找朋友的游戏：教师请儿童分别拿一张卡片，找到与自己卡片上相同内容的卡片。

示范点评

蒙台梭利认为，教师帮助儿童在物体和所对应的名称之间建立联系，应给物体赋予准确的概念，通过由图片向文字符号过渡，帮助儿童形成抽象概念，同时，在整个活动过程中，注重培养儿童对自然的真实情感。

1. 加强儿童对鱼的结构和名称的学习，由图片向文字符号过渡，帮助儿童形成抽象概念。

2. 教师可多提供一些有关鱼的影视资料和书面资料穿插于教学活动中，关于鱼的特殊功能、特殊习性的知识更能激发起儿童的探究兴趣，适当的知识补充有利于拓宽儿童的视野，丰富儿童的知识体系。

3. 操作中也可以设计与鱼相关的游戏活动：捞鱼游戏、小猫钓鱼、捉小鱼尾巴等。

4. 请儿童画出自己心目中的鱼，发展儿童的想象力和创造力，教师在教学中，需给予儿童自由发展的空间。

5　青蛙的拼图嵌板

教具构成：

青蛙的拼图嵌板，白纸和铅笔。

直接目的：

提高儿童对青蛙的结构及名称的认识。

间接目的：

为儿童下一步学习"青蛙的三部卡"做准备。

示范过程：

1. 教师取青蛙的拼图嵌板放在工作毯（或桌面）上。

2. 教师对儿童说："小朋友们，大家有没有见过青蛙啊？知不知道青蛙的身体是由几部分组成的？今天，我们一起来进行青蛙的拼图嵌板的工作。"

3. 教师请一位儿童将嵌板取出，散放在工作毯（或桌面）上。

4. 教师引导儿童将嵌板拼成一只完整的青蛙。

5. 教师进行三阶段语言教学。教师用手指向一块嵌板，并对儿童说："这是××（部位名称）。"重复三遍。之后，教师询问儿童："××在哪里？"

或者问："哪一个是××？"请儿童指出相应的嵌板。最后，教师指着嵌板，询问儿童："这是什么？"请儿童回答出嵌板的名称。

6. 重复进行以上操作，教师指导儿童认识所有的嵌板名称：头部、身体、前肢、后肢。

7. 教师请儿童将嵌板散放，分别说出每一块嵌板是青蛙的哪个部分。

8. 教师取白纸和铅笔，请儿童将一块嵌板放置在白纸中间，沿着嵌板的轮廓，小心地进行描绘，完成后说出嵌板的名称。

9. 其他嵌板的操作同上。

10. 教师将嵌板拼回原处，并放回工作架上。

错误控制：

教师的指导和教具本身的自我修订功能。

年龄：

两岁半以上，观察过青蛙的儿童。

活动变化与延伸：

找朋友的游戏：教师请儿童分别拿一张卡片，找到与自己卡片上相同内容的卡片。

示范点评

蒙台梭利认为，儿童通过活动进行工作，通过不断的活动进行创造。比如，儿童发挥想象力，画出自己心目中的青蛙，是为了更好地理解青蛙各部分的名称和特殊性；儿童角色扮演《小蝌蚪找妈妈》，是为了更好地理解青蛙的生活习性和生长过程。

1. 教师制作青蛙的各部位拼图的汉字卡片，让儿童将其与嵌板配对，提高儿童对知识的再认能力与动手操作能力。

2. 请儿童发挥想象力，画出自己心目中的青蛙，并与同伴交流，在交流过程中，有利于儿童语言、思维等多方面能力的发展。

3. 教师搜集有关青蛙的纪录片或者动画片（例如《小蝌蚪找妈妈》），请儿童集体观看，并交流感受，通过拓宽儿童知识面，来最终实现引导儿童发展的教育目的。

6 青蛙的三部卡

教具构成：

青蛙三部卡，托盘。

直接目的：

加强儿童对青蛙的结构和名称的学习。

间接目的：

1. 由图片向文字过渡，帮助儿童形成抽象概念。

2. 了解青蛙的生活习性、成长变化，激发儿童的探究兴趣。

示范过程：

1. 教师取青蛙的三部卡放在工作毯（或桌面）上。

2. 教师对着三部卡中青蛙整体的照片，与儿童一起复习青蛙的各部位

的名称：头部、身体、前肢、后肢。

3. 教师对儿童说："今天，老师请小朋友们继续认识青蛙的各个部分。"

4. 教师将图片卡和名称卡分发到儿童手中，将控错卡留在教师手里。

5. 教师把印有图片和文字的控错卡按照从上到下的顺序，依次放在工作毯（或桌面）的左边。

6. 教师首先请儿童将图片与控错卡进行配对。教师对儿童说："请大家看工作毯上的第一张卡片，哪位小朋友手中的图片卡和它是一样的？请举手。"

7. 儿童举手示意，教师请儿童将手中的图片卡放在控错卡的右边。

8. 以此类推，将所有图片卡与控错卡进行配对。

9. 教师再请儿童将名称卡与控错卡进行配对。教师对儿童说："请大家看工作毯上的第一张卡片的名称，哪位小朋友手中的名称卡和它是一样的？请举手。"

10. 儿童举手示意，教师请儿童将手中的名称卡放在控错卡的右边。

11. 以此类推，教师将所有名称卡与控错卡进行配对。

12. 教师进行三阶段语言教学。教师用手指向第一张控错卡，对儿童说："这是××（部位名称）。"重复三遍。之后，教师询问儿童："××在哪里？"或者问："哪一个是××？"请儿童指出相应的卡片。最后，教师指着第一张卡片，询问儿童："这是什么？"请儿童回答出卡片上的名称。

13. 重复以上操作，教师指导儿童认识卡片中所有的部位名称：头部、身体、四肢、眼部、鼓膜、蹼。

14. 教师整理教具，将三部卡放回托盘里，将托盘放回工作架上。

错误控制：

教师的指导和教具本身的自我修订功能。

年龄：

两岁半以上，操作过青蛙拼图的儿童。

活动变化与延伸：

找朋友的游戏：教师请儿童分别拿一张卡片，找到与自己卡片上相同内容的卡片。

示范点评

蒙台梭利认为，一个练习的各种细节教得越是精确和详细，它似乎越能成为不间断地重复同样练习的一种刺激物。"三部卡"的练习需要儿童重复进行操作，在帮助儿童完善工作的同时，有助于培养儿童的耐心。

1. 加强儿童对青蛙的结构和名称的学习，由图片向文字符号过渡，帮助儿童形成抽象概念。儿童知识的学习是循序渐进的过程。

2. 教师可以多提供一些有关青蛙的影视资料和书面资料穿插于操作活动中，青蛙的生活习性、成长变化方面的知识更能激发起儿童的探究兴趣。

3. 操作中也可以设计与青蛙相关的游戏活动。游戏环节的设计可激发儿童的兴趣，同时有利于儿童创造力的发展。

4. 请儿童画出心中的青蛙，发展儿童的想象力和创造力。教师需给予儿童充分自由发展的空间。

7　乌龟的拼图嵌板

教具构成：

乌龟的拼图嵌板，白纸和铅笔。

直接目的：

提高儿童对乌龟的结构及名称的认识。

间接目的：

1. 为下一步学习"乌龟的三部卡"做准备。

2. 培养儿童的观察能力。

示范过程：

1. 教师取乌龟的拼图嵌板放在工作毯（或桌面）上。

　2. 教师对儿童说："小朋友们，大家有没有见过乌龟啊？知不知道乌龟的身体是由几部分组成的？今天，我们一起来进行乌龟的拼图嵌板的工作。"

3. 教师请一位儿童将嵌板取出，散放在工作毯（或桌面）上。

4. 教师引导儿童将嵌板拼成一只完整的乌龟。

5. 教师进行三阶段语言教学。教师指着一块嵌板，对儿童说："这是××（部位名称）。"重复三遍。之后，教师询问儿童："××在哪里？"或者问："哪一个是××？"请儿童指出相应的嵌板。最后，教师指着嵌板，询问儿童："这是什么？"请儿童回答出嵌板的名称。

6. 重复进行以上操作，教师指导儿童认识所有的嵌板名称：头部、背甲、腹甲、前腿、后腿、尾巴。

7. 教师请儿童将嵌板散放，分别说出每一块嵌板是乌龟的哪个部分。

8. 教师取白纸和铅笔，请儿童将一块嵌板放置在白纸中间，沿着嵌板的轮廓，小心地进行描绘，完成后说出嵌板的名称。

9. 其他嵌板操作同上。

10. 教师将嵌板拼回原处，放回工作架。

错误控制：

教师的指导和教具本身的自我修订功能。

年龄：

两岁半以上，观察过乌龟的儿童。

活动变化与延伸：

找朋友的游戏：教师请儿童分别拿一张卡片，找到与自己卡片上相同内容的卡片。

示范点评

蒙台梭利认为，作为教师，要为儿童提供合适的、有吸引力的教具，儿童能够运用这种具有严密结构的教具，并允许进行分析和改进，使儿童集中注意力进行工作。教师制作乌龟的各部位拼图的汉字卡片，儿童能够将其与汉字卡片、嵌板对应，大大提升儿童的专注力。

  1. 教师制作乌龟的各部位拼图的汉字卡片，让儿童将其与嵌板配对。汉字卡片以及嵌板的使用，能较好地发展儿童观察、分类的能力。

  2. 请儿童发挥想象力，画出自己心目中的乌龟，并与同伴交流，这有利于儿童审美能力与创造能力的培养。

  3. 教师搜集有关乌龟的纪录片或者动画片（例如《龟兔赛跑》），请儿童集体观看，并交流感受。

8　乌龟的三部卡

教具构成：

乌龟三部卡，托盘。

直接目的：

加强儿童对乌龟的结构和名称的学习。

间接目的：

1. 由图片向文字符号过渡，帮助儿童形成抽象概念。

2. 了解乌龟的特殊功能、习性，激发儿童的探究兴趣。

示范过程：

1. 教师取乌龟的三部卡放在工作毯（或桌面）上。

2. 对着三部卡中乌龟整体的图片，教师与儿童一起复习乌龟各部位的名称：头部、背甲、腹甲、前肢、后肢、尾巴。

3. 教师对儿童说："今天老师请小朋友们继续认识青蛙的各个部分。"

4. 教师将图片卡和名称卡分发到儿童手中，将控错卡留在教师手里。

5. 教师把印有图片和文字的控错卡按照从上到下的顺序，依次放在工作毯的左边。

6. 教师首先请儿童将图片与控错卡进行配对。教师对儿童说："请大家看工作毯上的第一张卡片，哪位小朋友手中的图片卡和它是一样的？请举手。"

7. 儿童举手示意，教师请儿童将手中的图片卡放在控错卡的右边。

8. 以此类推，教师将所有图片卡与控错卡进行配对。

9. 教师再请儿童将名称卡与控错卡进行配对。教师对儿童说："请大家看工作毯上的第一张卡片的名称，哪位小朋友手中的名称卡和它是一样的？请举手。"

10. 儿童举手示意，教师请儿童将手中的名称卡放在控错卡的右边。

11. 以此类推，教师将所有名称卡与控错卡进行配对。

12. 教师进行三阶段语言教学。教师指着第一张控错卡，对儿童说："这是××（部位名称）。"重复三遍。之后，教师询问儿童："××在哪里？"或者问："哪一个是××？"请儿童指出相应的卡片。最后，教师指着第一张卡片，询问儿童："这是什么？"请儿童回答出卡片上的名称。

13. 重复以上操作，请儿童认识卡片中乌龟所有部位的名称：背甲、腹甲、头、颈、尾、脚、脚趾、眼睛。

14. 教师整理教具，将三部卡放回托盘里，并将托盘放回工作架上。

错误控制：

教师的指导和控错卡。

年龄：

两岁半以上，操作过乌龟拼图的儿童。

活动变化与延伸：

找朋友的游戏：教师请儿童分别拿一张卡片，找到与自己卡片上相同内容的卡片。

示范点评

这项操作练习需要一系列的重复练习和操作才能得以逐步巩固和完善。蒙台梭利认为，"重复"具有重大意义，儿童不断重复在成人看来是没有意义、无效的事情，但实际上"重复"意义重大，它表明了儿童内在的需要；其次，重复也并非机械的，它是呈螺旋上升趋势的发展着的重复。儿童通过对"乌龟三部卡"重复学习，能够熟记并理解。

1. 加强儿童对乌龟的结构和名称的学习，由图片向文字过渡，帮助儿童形成抽象概念。儿童对知识的学习是一个循序渐进的过程。

2. 教师可以多提供一些有关乌龟的影视资料和书面资料穿插于操作活动中，乌龟的特殊功能、特殊习性更能激发起儿童的探究兴趣。

3. 操作练习中也可以设计与乌龟相关的游戏活动。合适的游戏设计是儿童进行有效学习的方式。

4. 通过动物学延伸活动，如进行动物角色扮演，可以发展儿童的想象力和创造力。

9 鸟的拼图嵌板

教具构成：

鸟的拼图嵌板，白纸和铅笔。

直接目的：

加深儿童对鸟类的结构及名称的认识。

间接目的：

为儿童下一步学习"鸟的三部卡"做

准备。

示范过程：

1. 教师取鸟的拼图嵌板放在工作毯（或桌面）上。

2. 教师对儿童说："小朋友们，大家有没有见过鸟啊？知不知道鸟的

身体是由几部分组成啊？今天，我们一起来进行鸟的拼图嵌板的工作。"

3. 教师请一位儿童将嵌板取出，散放在工作毯（或桌面）上。

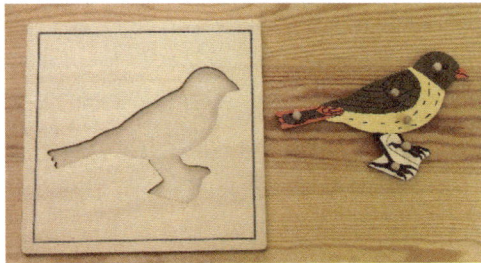

4. 教师引导儿童将嵌板拼成一只完整的鸟。

5. 教师进行三阶段语言教学。教师指着一块嵌板，对儿童说："这是××（部位名称）。"重复三遍。之后，教师询问儿童："××在哪里？"或者问："哪一个是××？"请儿童指出相应的嵌板。最后，教师指着嵌板，询问儿童："这是什么？"请儿童回答出嵌板的名称。

6. 重复进行以上操作，教师指导儿童认识所有的嵌板名称：头部、身体、翅膀、足部、尾部。

7. 教师请儿童将嵌板散放，分别说出每一块嵌板是鸟的哪个部分。

8. 取白纸和铅笔，教师请儿童将一块嵌板放置在白纸中间，沿着嵌板的轮廓，小心地进行描绘，完成后说出嵌板的名称。

9. 其他嵌板操作同上。

10. 教师还原嵌板鸟的拼图并放回工作架。

错误控制：

教师的指导和教具本身的自我修订功能。

年龄：

两岁半以上，观察过鸟的儿童。

活动变化与延伸：

找朋友的游戏：教师请儿童分别拿一张卡片，找到与自己卡片上相同内容的卡片。

示范点评

蒙台梭利认为，"有准备的环境"的必备条件是，能适合儿童发展的节奏和步调的环境、有秩序的环境、对儿童有吸引力的环境。

1. 教师制作鸟的各部位拼图的汉字卡，让儿童将其与嵌板配对。

2. 请儿童发挥想象力，画出自己心目中的鸟，并与同伴交流，教师需给予儿童充分自由发挥的空间。

3. 教师搜集有关鸟的纪录片或者动画片，请儿童集体观看，并交流感受，丰富儿童的主观体验，引导儿童的有效发展。

10 鸟的三部卡

教具构成：

鸟的三部卡，托盘。

直接目的：

加强儿童对鸟类的结构和名称的学习。

间接目的：

1. 由图片向文字过渡，帮助儿童形成抽象概念。

2. 了解鸟的特殊功能、习性，激发儿童的探究兴趣。

示范过程：

1. 教师取鸟的三部卡放在工作毯（或桌面）上。

2. 对着三部卡中鸟整体的图片，教师与儿童一起复习鸟的各部位的名称：头部、身体、翅膀、尾部、足部。

3. 教师对儿童说："今天老师请小朋友们继续认识鸟的各个部分。"

4. 教师将图片卡和名称卡分发到儿童手中，将控错卡留在教师手里。

5. 教师把印有图片和文字的控错卡按照从上到下的顺序，依次放在工作毯（或桌面）的左边。

6. 教师首先请儿童将图片与控错卡进行配对。教师对儿童说："请大家看工作毯上的第一张卡片，哪位小朋友手中的图片卡和它是一样的？请举手。"

7. 儿童举手示意，教师请儿童将手中的图片卡放在控错卡的右边。

8. 以此类推，教师指导儿童将所有图片卡与控错卡进行配对。

9. 教师再请儿童将名称卡与控错卡进行配对。教师对儿童说："请大家看工作毯上的第一张卡片的名称，哪位小朋友手中的名称卡和它是一样的？请举手。"

10. 儿童举手示意，教师请儿童将手中的名称卡放在控错卡的右边。

11. 以此类推，教师指导儿童将所有名称卡与控错卡进行配对。

12. 教师进行三阶段语言教学。教师指着第一张控错卡，对儿童说："这是××（部位名称）。"重复三遍。之后，教师询问儿童："××在哪里？"或者问："哪一个是××？"请儿童指出相应的卡片。最后，教师指着第一张卡片，询问儿童："这是什么？"请儿童回答出卡片上的名称。

13. 重复以上操作，教师指导儿童认识卡片中鸟所有部位的名称：头部、身体、翅膀、尾部、腹部、鸟喙、腿部、脚部。

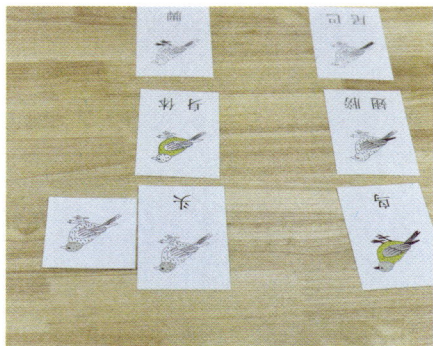

14. 教师整理教具，将三部卡放回托盘里，并将托盘放回教具架上。

错误控制：

教师的指导和教具本身的自我修订功能。

年龄：

两岁以上，操作过鸟拼图的儿童。

活动变化与延伸：

找朋友的游戏：教师请儿童分别拿一张卡片，找到与自己卡片上相同内容的卡片。

示范点评

蒙台梭利认为，教师为儿童提供的工作材料要有操作性、指引性、层次性和发展性等特点，因而能够保证儿童有效且有益的学习和发展。

1. 加强儿童对鸟类的结构和名称的学习，由图片向文字过渡，帮助儿童形成抽象概念。

2. 教师可以多提供一些有关鸟的影视资料和书面资料穿插于操作活动中，鸟的特殊功能、特殊习性更能激发起儿童的探究兴趣。

3. 操作中也可以设计与鸟相关的游戏活动，游戏不仅可以增加儿童的兴趣，而且有利于儿童自主性、探索性、独立发现和解决问题能力的发展。

4. 通过组织有关鸟的主题活动，如多种类型鸟类的展览活动，丰富儿童的感性经验和科普知识。

11 马的拼图嵌板

教具构成：

马的拼图嵌板，白纸和铅笔。

直接目的：

激发儿童对哺乳动物的学习兴趣。

间接目的：

为儿童下一步学习"马的三部卡"做

准备。

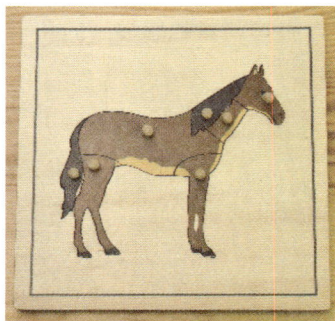

示范过程：

1. 教师取马的拼图嵌板放在工作毯（或桌面）上。

2. 教师对儿童说："小朋友们，大家有没有见过马啊？知不知道马的
身体是由几部分组成的？今天，我们一起进行马的拼图嵌板的工作。"

3. 教师请一位儿童将嵌板取出，散放在工作毯（或桌面）上。

4. 教师引导儿童将嵌板拼成一匹完整的马。

5. 教师进行三阶段语言教学：教师指着一块嵌板，对儿童说："这是××（部位名称）。"重复三遍。之后，教师询问儿童："××在哪里？"或者问："哪一个是××？"请儿童指出相应的嵌板。最后，教师指着嵌板，询问儿童："这是什么？"请儿童回答出嵌板的名称。

6. 重复进行以上操作，教师指导儿童认识所有的嵌板名称：头部、脖颈、鬃毛、身体、前腿、后腿、尾巴。

7. 教师请儿童将嵌板散开，分别说出每一块嵌板是马的哪个部分。

8. 取白纸和铅笔，教师请儿童将一块嵌板放在白纸中间，沿着嵌板的轮廓，小心地进行描绘，完成后说出嵌板的名称。

9. 其他嵌板操作同上。

10. 教师整理教具，将嵌板拼回原处，并放回工作架。

错误控制：

教师的指导和教具本身的自我修订功能。

年龄：

两岁半以上，观察过马的儿童。

活动变化与延伸：

1. 找朋友的游戏：教师请儿童分别拿一张卡片，找到与自己卡片上相同内容的卡片。

2. 欣赏徐悲鸿的《八骏图》。

示范点评

蒙台梭利对工作的定义是"儿童使用教具的活动"。儿童在成人为之创设的"有准备的环境"中，操作教具，锻炼手脑，协调身心，满足自身自主、自由、自助的需要，喜欢并乐在其中。比如儿童在了解了马的结构、特征以后，教师可以提供更为丰富的环境，以帮助其理解马的生活习性等。

1. 教师制作马的各部位拼图的汉字卡片，让儿童将其与嵌板配对。汉字卡片、嵌板等教学用具的使用，能够促进儿童的观察能力、手眼协调能力的发展。

2. 请儿童发挥想象力，画出自己心目中的马，并与同伴交流。教师需给儿童自由发展的空间，有助于儿童自主能力的发展。

3. 教师搜集有关马的纪录片或者动画片（例如《小马过河》），请儿童集体观看，并交流感受。

12　马的三部卡

教具构成：

马的三部卡，托盘。

直接目的：

加深儿童对马的特征和功能的认识。

间接目的：

由图片向文字过渡，帮助儿童形成抽象概念。

示范过程：

1. 教师取马的三部卡放在工作毯（或桌面）上。

2. 对着三部卡中马整体的图片，教师与儿童一起复习马的各部位的名称：头部、身体、鬃毛、脖颈、前腿、后腿、尾巴。

3. 教师对儿童说："今天老师请小朋友们继续认识马的各个部分。"

4. 教师将图片卡和名称卡分发到儿童手中，将控错卡留在教师手里。

5. 教师把印有图片和文字的控错卡按照从上到下的顺序，依次放在工作毯（或桌面）的左边。

6. 教师首先请儿童将图片与控错卡进行配对。教师对儿童说："请大家看工作毯上的第一张卡片，哪位小朋友手中的图片卡和它是一样的？请举手。"

7. 儿童举手示意，教师请儿童将手中的图片卡放在控错卡的右边。

8. 以此类推，教师指导儿童将所有图片卡与控错卡进行配对。

9. 教师再请儿童将名称卡与控错卡进行配对。教师对儿童说："请大家看工作毯上的第一张卡片的名称，哪位小朋友手中的名称卡和它是一样的？请举手。"

10. 儿童举手示意，教师请儿童将手中的名称卡放在控错卡的右边。

11. 以此类推，教师指导儿童将所有名称卡与控错卡进行配对。

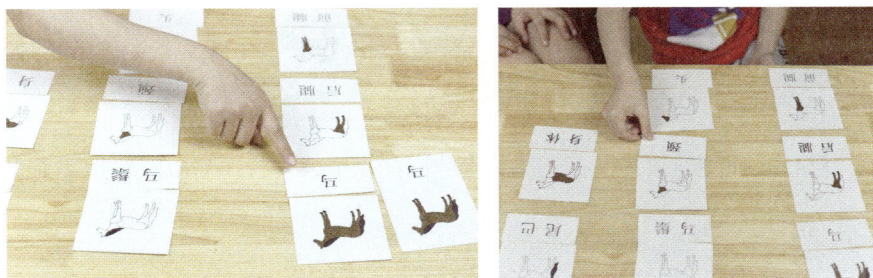

12. 教师进行三阶段语言教学。教师指着第一张控错卡，对儿童说："这是××（部位名称）。"重复三遍。之后，教师询问儿童："××在哪里？"或者问："哪一个是××？"请儿童指出相应的卡片。最后，教师指着第一张卡片，询问儿童："这是什么？"请儿童回答出卡片上的名称。

13. 重复以上操作，教师指导儿童认识卡片中马所有部位的名称：身体、颈部、鬃毛、四肢、尾部、马蹄。

14. 教师整理教具，将三部分卡放回托盘里，并将托盘放回教具架上。

错误控制：

教师的指导和教具本身的自我修订功能。

年龄：

两岁半以上，操作过马的拼图的儿童。

活动变化与延伸：

找朋友的游戏：教师请儿童分别拿一张卡片，找到与自己卡片上相同内容的卡片。

示范点评

蒙台梭利认为，教育的目的在于帮助儿童形成健全人格，并通过培养具有健全人格的儿童建设理想和平的社会。因此，教师在科学文化教育中，不仅仅关注儿童知识的获得及能力的习得，而应同时关注儿童习惯、品质等人格特征的发展。

1. 加深儿童对马的特征和功能的认识，由图片向文字符号过渡，帮助儿童形成抽象概念。

2. 教师可以多提供一些关于马的影视资料和书面资料穿插于操作练习中，马的特殊功能、特殊习性更能激发起儿童的探究兴趣。

3. 操作练习中也可以设计与马相关的游戏活动。游戏能够使儿童获得更多的适应社会环境的知识和处理人际关系的态度和技能。

4. 通过组织有关马的主题活动，如关于马的绘画展示活动等，丰富儿童的感性经验和科普知识。

第三章　地理学

1　认识左手和右手

教具构成：

红毛线，A4纸（每个儿童两张），一种水粉颜料，托盘，左手和右手文字标签。

直接目的：

1. 让儿童认识左手和右手。

2. 让儿童学习区分左和右的概念。

间接目的：

为儿童学习空间方位等地理知识做前期准备。

示范过程：

1. 儿童和教师一起呈半圆形坐在蒙氏线上，教师请儿童伸出自己的小手，并请儿童一起做游戏。在教师的要求下儿童一起摇一摇、拍一拍、搓一搓自己的手，认识自己的手，分清手心和手背。

2. 教师引导儿童说一说我们的小手在实际生活中能够做什么，了解手的重要性。

3. 教师给每位儿童的右手腕缠上红毛线，并确认："缠红毛线的是右手，没有缠红毛线的是左手。"教师与儿童进行互动游戏："请大家伸出右手（缠红毛线的手）。""请大家伸出左手（没有缠红毛线的手）。""请用你的右手拍拍头、拍拍地板、点点鼻子。"然后换左手游戏。

4. 教师摘下儿童手腕的红线。教师背靠北墙站立，让所有儿童面对着教师（北）站立，然后教师转过身面对北墙，举起右手并让儿童照做，同时检查儿童是否都把右手举起来了，与儿童玩一些简单的右手游戏，如让儿童把右手放在头上、指着鼻子、放在身后等，直到他们能熟练地识别自己的右手。以相同的方式介绍左手，同时进行左右手游戏，例如，用左手指门，右手指地；把左手放在右手上面等。

5. 给每个儿童两张A4纸，一个托盘，里面盛着统一颜色的水粉，教师说："请把你的右手放到颜料盘里，然后将你的小手印到纸上。"教师让大家看看自己的作品和其他小朋友的作品是否一样，区分哪个儿童用错了手，左右手分别进行几次操作，加深儿童对左右手的印象。

6. 教师引导儿童认识左手和右手的标签，将儿童的手印作品收集到一起（要保证里面同时有左手和右手的作品），让儿童拿标签进行配对练习。

错误控制：

查看儿童与其他同伴是否行为一致。

年龄：

五岁。

活动变化与延伸：

1. 用游戏的方式让儿童区分左脚和右脚、左耳和右耳，例如"踩踩左脚、拽拽左耳、用右手拍拍左腿、用左手捂捂右耳"等。

2. 儿童能够分清身体左右后，可以练习左转和右转，例如听教师口令走正方形迷宫，原地练习向左转和向右转。

示范点评

蒙台梭利认为，在科学教育教学中，教师不能将自己的意志和意愿强加给儿童，而应该充分尊重儿童的意愿和学习的速度，相信他们可以独立完成。儿童之间学习左右的概念存在速度的差异，教师不可操之过急。教师在操作练习过程中，需要做的不是给予儿童最多的干预和指导，而是要用最少的指导和最多的鼓励，培养儿童独立思考、判断和实践的能力，让他们的成长顺应自然的天性。

1. 认识左右是学习地理最基础的前置经验，很多地理方位的认识都需要儿童有左右的概念。所以，在学习地理前，首先要让儿童能够区分左右，在儿童的发展中，前一阶段的学习往往是后一阶段学习的基础，这个过程是连续性的。

2. 在进行左手和右手练习时，强调教师要站在北墙，让儿童面对北，是为了给予儿童上北下南、前北后南的空间感。儿童空间观念的形成，是建立在对周围环境直接感知的基础上的。

2　画手的轮廓

教具构成：

铅笔，A4纸，左右手文字标签。

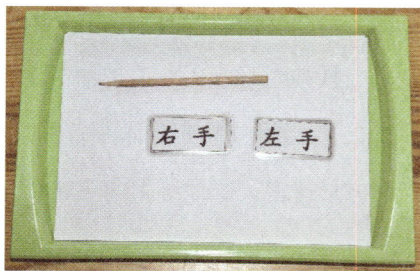

直接目的：

1. 儿童学习认识手的轮廓。

2. 儿童初步感知、体验大手和小手的"量"的差异的认知。

3. 发展儿童的精细动作。

间接目的：

为地图的学习打下基础，让儿童认识轮廓与实物的概念。

示范过程：

1. 教师把自己的左（右）手掌伸开给儿童看，并对儿童说："这是我的左（右）手，现在我要画左（右）手的轮廓图。"

2. 教师把手展开放在一张白纸上，用铅笔沿着手的轮廓画线。

3. 画好后，教师将纸举起来给儿童看，并提问："你们说这张纸上的手是我的左（右）手吗？"

4. 待儿童回答完毕，教师说："这是我的左（右）手的轮廓图，并不是我真正的左（右）手。"

5. 教师把另外一只手放在一张白纸上，同样如上操作。

6. 教师举起两张纸，让儿童进行比较，说出它们的不同之处（教师引导儿童从大小、方向、每个手指位置等方面找不同）。

7. 教师将"左手"和"右手"的文字标签分发给儿童，让儿童将标签与手的轮廓进行配对练习。

8. 教师请儿童画出自己双手的轮廓图。如果儿童能够阅读和书写，可以写出手的名称。儿童之间可互相合作完成。

错误控制：

手和其他儿童。

年龄：

五岁以上，已能区分左右手的儿童。

活动变化与延伸：

1. 以同样的方法画左脚和右脚的轮廓图。

2. 在原来轮廓基础上向外（大）或向里（小）画，指导儿童学习放大或缩小的概念。

示范点评

蒙台梭利认为，在活动和工作中，儿童逐步获得成长和自信。儿童一旦获得自信，那他走出第一步之后就不会再寻求得到教师的肯定。儿童将不断积累自己的经验，以完成不为其他人所知的工作。如儿童能够正确理解实物与其对应的轮廓之间的联系和区别后，就能够对世界地图、大洲、大洋等地理知识获得经验迁移，从而获得自信。

1. 该项活动的主要目的是让儿童能够了解实物与其对应的轮廓之间的联系与区别，为地理地图、地形的学习打下基础，实物与其轮廓的对比练习能较好地促进儿童的观察能力与认识能力的发展。

2. 该项工作的练习有助于儿童认识左右手，增加对手指方面知识学习的兴趣。

3　绘制教室平面图

教具构成：

白板，白板笔，一张教师的手的轮廓图及它的缩小比例后的图，教室内的桌子、椅子、架子、电视等物品图片。

直接目的：

1. 介绍缩小的地图，让儿童知道用平面图可以表示立体的世界。

2. 让儿童学会简单地绘制教室平面图的方法。

间接目的：

帮助儿童理解地图上各个物体的位置关系。

示范过程：

1. 教师取出自己的手的轮廓图展示给儿童并提问："你们还记得这是什么吗？"请儿童回答。教师又说："这是老师的手的轮廓图。你们看，我能把我的手与轮廓图重合在一起。"

2. 教师展示那张缩小了比例的手的轮廓图："这也是我的手的轮廓图，

但是和刚才的那张手的轮廓图不一样了，我把它画小了，我想把手与这张更小的手的轮廓图重合，你们说我能做到吗？"

3. 待儿童回答后教师解释："不能重合，但是小朋友一看就知道这也是我的手的轮廓图，只是缩小了。地图也一样，地图上画的事物比它代表的实际事物要小。你们看，现在我的手放在这张缩小的轮廓图上已经不再合适了，因为轮廓图已经被缩小了。如果我想绘制一张教室的图，就不能再找一张尺寸和教室一样大的纸来画了，因为教室太大了，我需要将它按照一定比例缩小了再来画。"

4. 教师将白板放在儿童面前说："我们要在白板上绘制教室的地图。"然后在白板上画出教室设施的布置图（注意东西南北方位），尽量面向北（白板在教室北墙）。

5. 教师请一个儿童走到教室门的位置，然后把画有儿童的图片放在图上门的位置。

6. 教师请儿童走到离儿童最近的架子那边，同时移动白板上儿童图片的位置。

7. 教师将教室内的物品图片发给儿童。

8. 教师请儿童把图片放到白板图上的相应位置上。

9. 教师将这张教室地图放在地理区，请儿童每天按照教室的变化修改教室的地图。

错误控制：

教室物品。

年龄：

已画过手和身体的轮廓图的儿童。

活动变化与延伸：

1. 每天增加、减少或移动教室里的主要物品，让儿童根据教室的变化修改地图。

2. 让儿童绘制幼儿园的整体地图。

3. 逐渐减少图片的使用，用符号代替图片，教儿童用不同符号代替不同物品，并在地图左下角进行标注。

示范点评

蒙台梭利认为，环境就像人类的头部，影响着孩子的整体发展，因此，教师要准备一个适合儿童发展阶段的环境。在之前的工作中，儿童已初步理解了平面的上下、前后、左右等概念以及初步的以自身为中心的空间方位。在该项工作中，试图帮助儿童理解平面与立体之间的方位关系以及日常生活中的方位关系。

1. 这里所说的平面图不是真正意义上的平面设计图，图中设施的画法应采用儿童能看明白的方法，教师的指导要遵循简洁、明了、准确的原则。

2. 绘制平面图时，是以自我为中心绘制的，以眼前看到的前后左右来绘制，但是因以后要涉及东西南北方位，暂时不提供给儿童这样的概念。教师要在工作中有意识地面向北，在最南边绘制平面图，教师为儿童提供的"有准备的环境"，要能适合儿童发展的节奏和步调。

3. 当儿童能够熟练地采用图片的形式绘制平面图后，教师要逐渐让儿童把相同的事物用同一个符号表示出来，并在地图上做标注说明，然后将图片撤下，用符号代替，为学习地图做准备。由图片知识向抽象的符号知识的学习，是儿童知识不断深化的一个过程。

4　查看地图

教具构成：

一张本市地图，放大镜，若干空白圆形标签，若干空白十字形标签，一张红色小旗标签。

直接目的：

训练儿童根据信息查看地图的能力。

间接目的：

使儿童了解实际位置与地图上位置的关系。

示范过程：

1. 教师拿出地图并悬挂，向儿童介绍本市地图："地图的轮廓就是我们所在××市的轮廓，我们的幼儿园和小朋友的家都在这张地图上，我们一起找一找。"

2. 教师把幼儿园标识签"小红旗"放在地图上幼儿园的位置。告诉儿童这是我们所在的位置，提问："小朋友知不知道我们幼儿园在哪条街道上，这条街道的名称是什么？"

3. 教师根据儿童的回答，在地图上找到他们所说街道的位置。

4. 教师询问儿童是否知道幼儿园附近有无十字路口（教师先给予儿童十字路口的概念），十字路口是由哪两条街道交叉的。如果知道，要用十字形标签在地图上标记出来。

5. 教师制作一张调查儿童家庭地址信息的便条。例如："亲爱的家长，儿童正在学习地图的使用方法。现在讲解的是我们城市的地图，为了能让儿童在地图上准确地标注出自己家的具体位置，我们需要您提供一些关于您的家庭住址的信息。信息包括：儿童的姓名；家庭地址所在区、街道名称；附近十字路口的名称；房子在街道的哪一个方向（东西南北）。"

6. 教师请每个儿童根据自己家的详细信息在地图上找出自己的家，按照从大范围到小范围寻找的方法，首先找到自己家所在区、街道的位置，然后找出自己家在街道的哪一边（左右），最后找出自己家附近十字路口的位置。

7. 教师在地图中确定的位置上放上白色的小圆片，在小圆片上写上该儿童的姓名。

8. 教师将标记有全部儿童家庭地址的地图放在架子上，并告诉儿童可以随时查找自己和其他儿童的家。

错误控制：

教师的指导和地图。

年龄：

五岁，已学过绘制地图的儿童。

活动变化与延伸：

1. 让儿童查找本市著名的景点、超市或者其他地理位置。

2. 在寻找街道过程中，可以让儿童在地图上测量街道的长度，介绍地图比例。

3. 让儿童绘制自己家的地图，将重点街道和十字路口、重点建筑物标注出来，向其他儿童介绍自己家的地理位置。

示范点评

蒙台梭利认为，儿童学习人类丰富的文化科学知识，如历史、地理、动物、植物等方面的简略的知识，借以了解儿童自己生活的国家、家乡，进而培养儿童对自然环境、地理位置的概念认识。

1. 前面活动中，儿童已经学会绘制简单的地图，了解地图的作用，查看地图并在已经绘制好的地图上找到自己的目标。在这项活动中，教师可以让儿童从自身的地理位置开始查找，儿童对于找到自己的位置会非常感兴趣，从而提高学习地理的兴趣。

2. 在查找过程中，开始要先把幼儿园目标标注出来，然后根据目标查找幼儿园周围的街道、十字路口；在儿童熟悉了简单地在地图上查找街道后，再引导儿童按照从大范围到小范围再到详细地址的查找顺序查找自己的家。

3. 通常意义上，成年人在研究地图时可能会按照从大范围到小范围（从世界地图到中国地图再到省级地图、市级地图、区级地图）的顺序进行。但对于儿童来说，太大的范围跟儿童自身没有太大的联系，还会使儿童失去研究的兴趣，所以，要从儿童自身最了解的家和幼儿园在地图上的位置查找开始。

4. 教师需注意，这时的儿童还没有接触东西南北的概念，儿童主要是以自身为中心、以前后左右来区分地理位置的。只有适合儿童发展阶段的环境，才能最大限度地促进儿童的发展。

5　院子里的东南西北

教具构成：

东、西、南、北四个方向的指示牌。

直接目的：

儿童学习认识东南西北四个方向。

间接目的：

为儿童认识地图做准备。

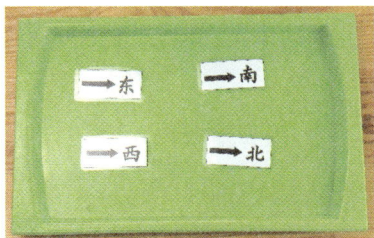

示范过程：

1. 第一天，教师利用早上、中午、傍晚三个时间段，带领儿童到户外院子里观察太阳的方向，引导儿童辨别太阳在哪个位置，并特别说明太阳与儿童视野范围内建筑物的位置关系。

2. 第二天，教师重复前一天的练习，引导儿童说出太阳每天在天空中变化的规律，认识一天中太阳在天空中位置是不同的，而且是有规律地变化着的。

3. 第三天，教师带着东西南北的指示牌到院子里，说："我们已经观察了天空中的太阳，我们发现太阳始终从天空中相同的地方升起，并在相同的地方落下。每天早上我们看到太阳在哪里，哪里就是太阳升起的方向，人们把这个方向命名为'东方'。"教师取东方指示牌说："这是东方的指示牌，我们把它放在院子里东边的位置。"

4. 教师指着西方说："每天傍晚我们看到太阳在哪里，哪里就是它落下的方向，人们把这个方向命名为'西方'。"教师取西方指示牌说："这是西方的指示牌，我们把它放在院子里西边的位置。"

5. 教师说："还有两个方向是人们常用到的，让我们向东方伸出右手，向西方伸出左手，我们现在面对的方向被称为'北方'，而背对的方向被称为'南方'。"

6. 教师拿出"北"和"南"的指示牌，分别把它们放在院子里相应的位置上。

7. 教师整理教具并归位。

错误控制：

教师的指导和太阳。

年龄：

四岁半以上，认识左右并学会查看地图的儿童。

变化与延伸：

在不同的户外地址、不同的时间让儿童辨认方向。

示范点评

蒙台梭利认为，对教师来说，必要的是能够理解儿童的状况，这些幼小的心灵正处于一个瞬息变化的时期，在关键的时刻，教师必须起着两种不同的作用：一是必须对所有儿童进行关注；二是对个别儿童进行指导。

1. 太阳东升西落是亘古不变的自然规律，利用这一规律，让儿童学会辨别方向，认识东南西北，教师要充分利用与儿童生活相关的教学资源。

2. 一定要让儿童熟练地掌握左右方位，在此基础上才能进一步分辨南北方向，左右概念的区分是儿童进行南北概念学习的前提。

　　3. 教师需注意，该项工作对于未查看过地图的儿童来说有一定难度，所以，应根据儿童的需要适时进行指导，教师应是儿童探究环境的支持者和引导者。

6 教室里的东南西北

教具构成：

东、西、南、北的标签。

直接目的：

培养增强儿童对方向的认知能力。

间接目的：

为儿童认识地图做准备。

示范过程：

1. 教师："我们已经学习了辨别院子里的东、西、南、北四个方向，现在我们要认识教室里的方向。"

2. 教师拿出东、西、南、北的标签。

3. 教师提问："我们的教室里哪边是北？"教师解释："教室里的北方和院子里的北方是一致的。"教师请一个儿童到院子里观察，然后回来说明哪是北边。

4. 教师请儿童把"北"的标签贴到北面的墙上去。

5. 教师用同样的方法将其他三个方向的标签贴到对应的墙上。

6. 教师告诉儿童，地理架上的标签可用来练习。

7. 教师整理教具并归位。

错误控制：

教师的指导和太阳。

年龄：

四岁半以上，学习过户外的东、西、南、北方向的儿童。

活动变化与延伸：

1. 更换不同的室内地点进行方向的辨别。

2. 请家长在家里或在路上引导儿童辨认方向。

示范点评

蒙台梭利认为，地理知识的学习，能够培养儿童在工作、活动中探索科学的兴趣。儿童对地理方位的感知与判断，对既定规律的探究，都可以促进儿童科学探究能力的发展，帮助儿童认识周围世界。

1. 儿童要明白前后左右的方位是根据自身转向的变化而变化的，但东南西北四个方向是根据太阳东升西落永久不变的自然规律所定，不因自身转向而变化，不因室内室外环境变化而变化。

2. 室内方向的辨别以儿童户外辨别方向的经验为基础，在从户外到室内的过程中，儿童容易因为地点的变化而出现错误的判断，所以，一开始要选择室内和室外尽可能只有一门之隔的地方，中间不要有太多的干扰因素，儿童熟练后再增加难度。

3. 这项操作练习有助于培养儿童对方向的认知能力，建立初步的空间概念，为儿童未来的出行做好准备。

7 指南针

教具构成：

指南针，世界地图拼图，东、西、南、北的字卡，一根缝衣针，一块磁铁，一片长方形小纸片，一盆水。

直接目的：

1. 儿童学习如何使用指南针。

2. 儿童学习认识指南针，并了解指南针的作用。

间接目的：

引导儿童熟悉在地图上找方位，建立方位感。

示范过程：

1. 教师将东、西、南、北四张字卡按照正确的方向摆放，中间空出摆放指南针的地方。

2. 教师把指南针拿到儿童面前介绍："这是指南针。"并将其放在四张字卡的中间位置。

3. 教师引导："红色的指针永远指向北方，相反的方向指向南方。"教师转动指南针，请儿童观察指针的指向，并请儿童转动指南针，然后观察指针的指向。

4. 教师将指南针放在世界地图拼图上，认识地图上的东、西、南、北四个方位。

5. 教师整理教具并归位。

错误控制：

指南针的指针摆动。

年龄：

五岁以上，学习过室内的东、西、南、北方向的儿童。

活动变化与延伸：

1. 自制小磁针，用磁铁摩擦针使其磁化，将针别到纸片上，放入水中，指针总是指示南北方向。

2. 变换不同的场地使用指南针。

3. 在指南针附近放置磁铁后观察指南针的变化。

示范点评

　　蒙台梭利认为，教具的设计需要对儿童有吸引力，当儿童开始对其中一种教具表现出兴趣时，教师一定不要干扰他，因为这种兴趣是符合自然法则的，而且开始了一种新的活动周期。比如指南针的操作练习中，儿童的兴趣点聚焦在教具本身。因为从这个小小的教具中，儿童获得成就和自信，确定了方位"南"的概念，因此，教师一定不能干扰儿童，要以此为契机，来确定"东、西、北"的概念。

　　1. 地球本身就是一个巨大的磁体，叫作"地磁体"，地磁体的南极在地理的北极附近，地磁体的北极在地理的南极附近，因此，地球上的小磁针静止时总是一端指向南，一端指向北。指南针就是根据这个原理制作的。

　　2. 了解了指南针的原理，利用指南针辨认方向，认识地图上的方向。教师要提醒儿童注意，地图放置的方向，转动地图使地图上方与指南针向北的方向一致，才能正确分辨方位。

　　3. 指南针要在正常的环境下工作，如果指南针附近有磁场干扰，指南针就会失效而无法正确指示。

8 认识地图上的方位

教具构成：

东、西、南、北的标签，指南针，标有方向的地图三个（一是带有所在城市位置的整个国家的交通地图；二是带有儿童家庭位置的城市交通地图；三是带有幼儿园位置的交通图），丝带一卷。

直接目的：

1. 通过引导儿童学习地图上的方位，建立方位感。

2. 帮助儿童验证地图方位上北下南、左西右东的方向。

间接目的：

为儿童下一步地图知识的学习做准备。

示范过程：

1. 使用国家地图时，教师在地图上找到中心点，用一根丝带从所在城市连到地图的中心位置，让儿童说出城市在国家中的方位(上、下、左、右)。

2. 使用城市地图时，教师让儿童指出自己家庭的位置，并用丝带将家和地图的中心位置连接起来，并在丝带的末端写上这个儿童的名字，请儿童指出自己家庭在城市中的方位（上、下、左、右）。

3. 使用第三张地图时，教师把幼儿园标注为中心，连接到儿童家庭的位置，请儿童指出家在学校的哪个方位。

4. 如果儿童感兴趣，教师可试着让他们在地图上寻找所知道的地点和建筑物的方位，以培养儿童在地图上的方位感，为以后教儿童使用地图做准备。

5. 教师整理教具并归位。

错误控制：

教师的指导。

年龄：

五岁以上，学习过户外和室内东、西、南、北方向的儿童。

活动变化与延伸：

验证地图的上北下南、左西右东四个方位。在地图上以幼儿园及周围固定建筑物为目标标注出来，让儿童用指南针确定幼儿园与建筑物之间的方位关系，在地图上进行验证，得出的地图方位都是按照上北下南、左西右东的方向绘制而成的。可多次进行工作，让儿童熟练掌握地图的方位。

示范点评

　　蒙台梭利认为，教师在讲授有关地理教育方面的知识时，目的在于培养儿童对地理学的兴趣，帮助儿童建立空间方位感，了解各个国家的地理和文化。在这个过程中，教师应让儿童先从自身开始学习，如从自己的家庭位置、从儿童所在城市开始，然后再扩展到地球上的其他地理知识。

　　1. 在地图方位联系中，以儿童所在城市、所在家庭和幼儿园为目标，使儿童更能具体地感知到方位，并在地图上确定。

　　2. 验证地图方位一定要以儿童周围固定的建筑物为参照，让儿童能够随时进行操作，由自己亲自操作后得到的结论，才能够更深刻地了解地图方位。教师要引导儿童自己动手操作，积极主动地探究环境，发现环境中的问题，让儿童成为活动的"主体"。

　　3. 教师需注意对于没有学习过立体空间东、西、南、北的儿童，应根据其需要给予适当的指导，教师的指导需是及时的、有效的、正确的。

9 认识陆地、空气和水

教具构成：

一个装有土壤的透明瓶子，一个装有水的透明瓶子，一个空的透明瓶子，气球，一根带有纸条的木棍，"陆地""水""空气"的标签。

直接目的：

1. 认识土壤、空气和水。

2. 了解地球的基本组成部分。

3. 提高儿童对地球环境的认识，培养儿童对地球环境的兴趣。

间接目的：

为儿童下一步学习地理知识做准备。

示范过程：

1. 教师把分别装有土壤、水、空气的三个瓶子放在儿童面前。

2. 教师指着装有土壤的瓶子问："你们看这个瓶子里有什么？"儿童回答后教师可将适量土壤倒一点儿在纸上，以方便儿童进行观察。

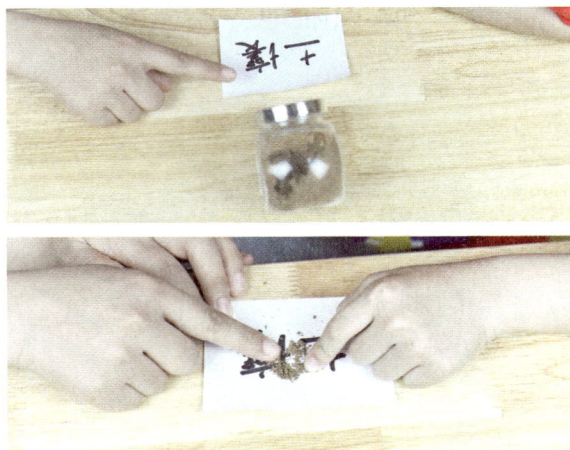

3. 教师说："这是土壤，它覆盖在地球表面组成陆地。你们在哪里能看到陆地？"教师请儿童进行讨论并回答（如花园里、山上等）。

4. 教师引导儿童："你们有没有发现公路下面、房子下面的陆地呢？"

5. 教师总结："陆地无处不在。长出树和草的土壤是可以直接看到的陆地，公路或建筑物下也有陆地。"

6. 教师指着装有水的瓶子询问儿童："你们看这个瓶子里有什么？"

7. 教师再问："你们在哪里能发现水呢？"教师请儿童进行讨论并回答。

8. 教师引导儿童："我们在海洋、河流、湖泊中都能发现水。海水、河水、湖水的下面是什么呢？"

9. 教师告诉儿童："水的下面是陆地，而湖泊和海洋就像是装满了水的巨大水坑。"

10. 教师指着空瓶子问儿童："你们在这个瓶子里观察到了什么？"教师请儿童进行讨论并回答。

11. 教师告诉儿童："这个瓶子看上去是空的，里面既没有土壤，也没有水，但实际上却有一种东西在里面。"

12. 教师把气球放在儿童面前，问："小朋友，你们说这是什么？"

13. 教师引导："这是一个气球，如果我们把气球的口松开会怎样呢？"教师请儿童进行讨论并回答。

14. 教师举起带有纸条的木棍，让纸条在风中飘扬。

15. 教师提问："是什么让纸条飘动呢？ 是一种摸不到的东西。"教师请儿童进行讨论并回答。

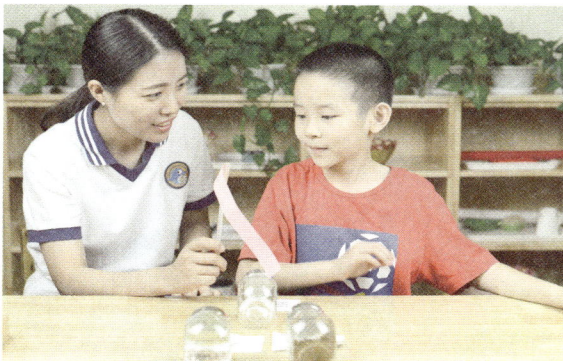

16. 教师将气球口正对着纸条松开，让气流吹动纸条。

17. 教师告诉儿童："我们虽然看不见空气，但它却存在于我们的周围。气球因为充满了空气而膨胀，纸条因为空气的流动才在风中飘扬，而这个白色的瓶子也装满了空气。"

18. 教师分别指着各个瓶子说："地球上有陆地和水，陆地和水的上面则是空气。"

19. 让儿童认识"陆地""水""空气"的标签，进行配对练习。

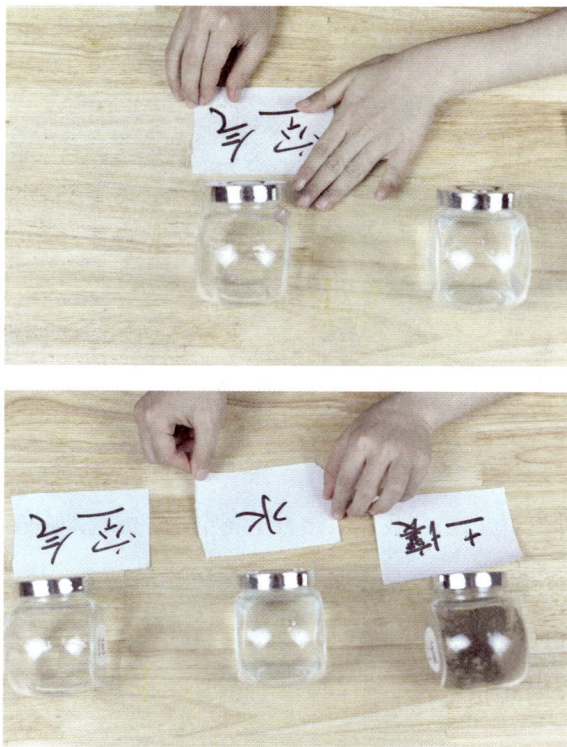

20. 教师整理教具并归位。

错误控制：

教师的指导。

年龄：

三岁以上。

活动变化与延伸：

1. 讨论生活在陆地上的生命和生活在水中的生命都有哪些，并进行分类。

2. 讨论空气对于生命的重要性。

示范点评

　　蒙台梭利认为，采用科学的授课方式具有简单易懂的特点，既能促进儿童对知识的理解，也能充分调动儿童学习的兴趣。例如，从具体事物的学习到抽象概念的学习；从地理实物到轮廓的学习。

　　1. 自然地理学是研究自然地理环境的组成、结构、功能、动态及其空间分布规律的学科，包括地貌学、气候学、水文地理学、土壤地理学、植物地理学、动物地理学、冰川学、冻土学等。

　　2. 认识到陆地、水和空气是认识自然地理最基本的部分，在日常生活中随处可见。

　　3. 教师要引导儿童区分人工建筑和陆地的区别。土壤组成陆地，人们在陆地上建造各种建筑物，我们住的高楼大厦和公路不是陆地，在这些东西的地下有土壤才是陆地，就如同水组成江河湖泊，我们建造船在水里航行，但船不是水，船下面才是水一样。

　　4. 空气看不见摸不着，对于儿童来说很抽象，所以，在介绍空气时教师需要将空气具体化，通过气球和纸条的配合让儿童直观地看到空气的存在。在教学工作中，对于抽象概念的学习，教师可采用与儿童生活有联系的内容，将抽象化的知识具体化。

10 地球仪

教具构成：

一个装有土壤的透明瓶子，一个装有水的透明瓶子，一个空的透明瓶子，缩小的身体轮廓图，地球仪，"地球""洲""洋"的标签。

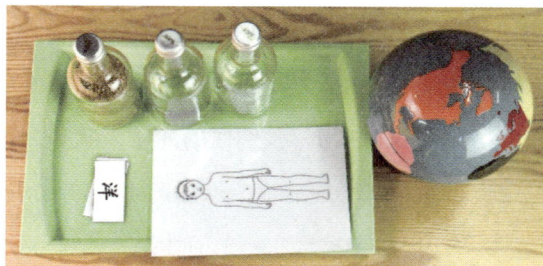

直接目的：

1. 使儿童学习认识并了解如何使用地球仪。

2. 让儿童了解地球仪的基本构成是陆地和水。

3. 让儿童学习"洲"和"洋"的概念。

间接目的：

为儿童下一步学习地理学知识打好基础。

示范过程：

1. 教师取来装有土壤、水、空气的三个透明瓶子，并将其放在桌子上请儿童观察。

2. 待儿童观察结束，教师引导儿童思考并回答瓶子内都装有什么物体。

3. 教师指向对应的瓶子并说明："这三个瓶子中分别装有土壤、水和空气。"

4. 教师将以上教具放置好，并取出地球仪，引导儿童："今天我要带你们一起来观察我们赖以生存的家园——地球。"

5. 教师引导儿童讨论"地球"这个词的含义，并请儿童说一说自己心目中的地球是什么样的。

6. 教师对儿童的回答进行总结，并指导儿童："我们所看到的陆地和海洋只是地球的外部，我们已有的关于地球的认识还都只是地球的一小部分。那么怎样才能看到整个地球呢？"教师请儿童进行讨论。

7. 教师告诉儿童："我们可以开车围绕它跑，还可以乘坐飞机围绕它飞，这样做可以看到地球更多部分，但是仍不能看到全部地球。地球太大了，在现实中，我们不可能看到它的全貌。"

8. 教师出示缩小的身体轮廓图，并告诉儿童："画身体的轮廓图时，我把它缩小了，这样就能把它画在小纸上。"

9. 教师把地球仪放到儿童面前说："如果我想一次看到整个地球，就可以按照它的样子把它缩小，制作成一个模型，这样就能看到全球了。"

10. 教师指着地球仪说："这叫作地球仪，它不是真实的地球，只是地球的一个模型。当我们转动地球仪时，我们能看到地球的各个部分。"教师转动地球仪并请儿童进行观察。

11. 教师问儿童："你们看到了什么？"鼓励儿童讨论他们所观察到的东西。

12. 教师引导儿童观察蓝色瓶内的水，并以此为提示，请儿童思考。

13. 儿童回答，教师指导："地球仪上的蓝色区域代表的是水，是海洋。"

14. 教师继续提问："你们知道这些褐色的区域又代表了什么？"

15. 教师引导儿童观察褐色瓶内的土壤，并以此为提示，请儿童思考。

16. 儿童回答，教师给予指导："地球仪上的褐色区域代表的是陆地。"

17. "地球上有广阔的陆地，我们给每一片陆地起一个名字，叫作洲。"教师介绍洲的概念：成片的陆地被称为洲，欧洲和亚洲是一片大陆，由于政治和文化的原因，它们被分为两个洲。同时，教师让每个儿童分别指出一个洲。

18. 教师向儿童讲解："一片大的陆地叫作洲。"

19. "同样我们给一大片区域的水起一个特殊的名字，叫作洋。"教师向儿童介绍洋的概念：一大片区域的水叫作洋。

20. 教师说："请你们指出一个洋。"让所有儿童进行练习。

21. 教师指导儿童认识"地球""洲"和"洋"的标签，进行配对练习。

22. 教师整理教具并归位。

错误控制：

教师的指导。

年龄：

四岁半以上，学习过陆地、空气、水方面知识的儿童。

活动变化与延伸：

1. 从地球仪上找出所有的"洲"和"洋"，数一数一共有多少个，让儿童初步了解七大洲、四大洋。

2. 认识地球仪的平面图。

示范点评

蒙台梭利认为，对地球仪的学习过程是儿童探索和认知世界的过程。教师要尊重儿童学习的意愿和学习的速度，相信、尊重儿童，教师以最少的指导、最大的耐性和最多的鼓励，使他们能够独立思考、独立判断和独立工作，促进幼儿自然、自由的成长，这也是在学前儿童科学教育过程中"探究"的本质所在。

1. 我们知道，对于很大的事物我们无法画到纸上，这就需要缩小。地球仪就是按照地球的模样做出的模型。通过这个模型，我们才能了解地球。对教具练习顺序的选择，要符合儿童的心理发展水平与发展规律。

2. 地球的表面是陆地和水，地球仪表面是代表陆地和水的颜色。

3. 教师需注意让儿童形成"洲"和"洋"的概念，在地球仪上能够找出"洲"和"洋"。

11　在地球仪上找地形

教具构成：

彩色地球仪，砂纸地球仪，十种地形标签（岛屿、湖泊、半岛、海湾、海峡、地峡、群岛、湖泊群、海岬、小海湾）。

直接目的：

引导儿童认识地球仪上的地形。

间接目的：

儿童学习地球知识的应用。

示范过程：

1. 教师将彩色地球仪和砂纸地球仪分别放在儿童面前。

2. 教师对儿童说："我们已经在砂纸地球仪上找到了陆地和水。今天我们再来看看这个彩色地球仪，它与砂纸地球仪一样都代表整个地球，但它更详细些，每一种颜色的陆地代表一个大洲，蓝色是海洋。你们能在上面找到各种地形吗？"

3. 教师请儿童观察彩色地球仪并且找出各种地形。

4. 教师拿出"湖泊"标签，告知儿童这张标签叫作"湖泊"，并询问哪个儿童能在地球仪上找出湖泊。

5. 当儿童找出湖泊时，教师将标签贴在地球仪湖泊的位置上。

6. 教师把标签发给儿童，请他们按名称找出相应的地形，将标签贴在地球仪对应的位置上。

7. 在查找的过程中，教师要注意儿童的语言训练，并不断与儿童一起阅读标签。

8.教师将教具放在教具架上，示意儿童可以随时用这些教具进行练习。

错误控制：

教师的指导和其他儿童。

年龄：

四岁半以上，学过地形定义卡的儿童。

活动变化与延伸：

在地球仪平面图上进行地形对应练习。

示范点评

蒙台梭利指明了"重复"的重大意义，儿童不断重复在成人看来是没有意义、无效的事情，但实际上"重复"意义重大，它表明了儿童内在的需要；其次，重复也并非机械的，它是呈螺旋上升趋势的发展着的重复。

1. 在地球仪上找各种地形，教师需注意要求儿童熟练掌握各种地形的定义，地形概念的习得为下一步儿童认识周围事物奠定理论基础。

2. 这项工作要求教师在儿童找到一个地形时，让儿童重复此地形的定义，进一步加深儿童对地形的认识，同时指导儿童的工作。"重复"操作练习的进行，有利于儿童知识的进一步深化。

3. 这项操作练习是在有一定知识经验积累的基础上进行的。儿童先了解各个地形的定义，有助于了解陆地和水域构成的基本地形，并且能够用专业术语描述。这个规律是呈现出螺旋上升趋势的发展重复。

12 彩色地球仪

教具构成:

砂纸地球仪,彩色地球仪,亚洲儿童的照片,七大洲的标签,四大洋的标签。

直接目的:

1. 引导儿童学习七大洲和四大洋的名称和轮廓形状。

2. 为下一步学习平面地图知识做准备。

间接目的:

1. 增强儿童对地球知识的兴趣。

2. 儿童了解"洲"和"洋"。

示范过程:

1. 教师取砂纸地球仪,带儿童复习以前学过的"洲"和"洋"的知识。

2. 教师讲解："大片的陆地被称作洲，人们为每个洲都起了特殊的名字。"

3. 教师将砂纸地球仪放到一边，把彩色地球仪放在儿童面前，并进行提问："彩色地球仪的大小与砂纸地球仪完全相同，但你们能发现它们有什么不同吗？"

4. 教师讲解："每一块大陆都有它自己的颜色，每一种颜色代表一个洲，今天我们一起来认识它们。"

5. 教师指着亚欧板块讲解："这是一块巨大的洲，在这块大陆上，一部分人和另一部分人因文化、历史有很大的不同，所以把这个大陆分成两个部分，黄色代表亚洲，红色代表欧洲。小朋友想一想，我们生活在哪个洲？"

6. 教师在亚洲的地方贴一张儿童的照片，标示这里是我们居住的地方，并引导儿童认识亚洲的形状。

7. 教师提问："在亚洲的对面是北美洲，北美洲是什么颜色的？"

8. 教师讲解："北美洲是桔黄色的。"指导儿童认识北美洲的形状。

9. 教师和儿童一起给各洲贴标签。

10. 教师用三阶段语言教学法的第二、第三阶段进行。教师引导儿童继续认识各大洲，每次选择三个大洲进行学习，可以先复习学过的内容，再添加两个新内容进行学习。

11. 教师指导儿童认识海洋："大面积的水域叫作海洋，人们给不同区域的海洋起了不同的名字。"教师进一步解释："不同的大陆用不同的颜色区分，但是所有的海洋都是连在一起的，而且海水在不断流动着，因此不能用颜色来区分海洋。"

12. 教师用三阶段语言教学法引导儿童依次进行大西洋、太平洋、印度洋、北冰洋的学习。

13. 教师指导儿童认识四大洋标签，并将标签贴在地球仪相应的位置上，进行一一对应。

14. 教师整理教具并归位。

错误控制：

教师的指导。

年龄：

四岁半以上，学习过砂纸地球仪的儿童。

活动变化与延伸：

1. 在砂纸地球仪上找出七大洲四大洋，并贴上标签。

2. 介绍每个大洲的特色、历史、文化、人文特征等。

示范点评

蒙台梭利认为，教师需树立正确的儿童观，尊重儿童，给予儿童充分的自我探索、主动发展的机会。

1. 教师需注意以上内容并非要在一节课内完成，根据儿童学习能力，可分阶段完成，一次介绍不超过三个洲。每次介绍新的名称时，要先复习学过的内容，了解儿童掌握的情况后再添加新内容，每次介绍新的大洲都可以涉及一部分儿童感兴趣的人文特色，增加儿童的学习兴趣。

2. 教师需注意从自己居住的大洲开始讲解，按照一定的顺序（如相邻的位置、颜色、兴趣等）依次进行介绍。教师授课要简洁、明白、客观，这样的授课方式才是科学的。

3. 彩色地球仪是为了让儿童更好地辨认各大洲，并不是表示这些大洲是这几种颜色。可以和砂纸地球仪对比，让儿童对各大洲的形状有进一步的认识。

13　世界地图拼图

教具构成：

彩色地球仪，世界地图拼图，大洲和大洋的标签，白色卡纸若干，彩色铅笔、胶水、纸条若干，七大洲三部卡。

直接目的：

促进儿童进一步认识世界平面图。

间接目的：

为地理知识的进一步学习做准备。

示范过程（一）

1. 教师出示彩色地球仪和世界地图。

2. 教师拿起彩色地球仪讲解："这个代表地球，当我们拥有这个小小的地球模型时，我们就可以更容易地看清地球的样子。"然后将地球仪放在旁边的适当位置。

3. 教师用手指向世界地图嵌板，并引导儿童："有时看平面图会更方便一些。这是地球的平面图，分成两部分，左边代表地球的西半球，右边代表地球的东半球。"

4. 教师从拼图上拿出亚洲部分，将其放在地球仪亚洲的位置上进行比较。

5. 教师讲解："这是平面的亚洲，它与地球仪上的亚洲是一样的。"解释完毕，将亚洲部分放回地图中。

6. 教师请儿童依次从拼图里拿出其他大洲图片，与地球仪上的大洲进行配对。

7. 教师提问："在地球仪上，南极洲是一个整体，但在拼图中，南极洲却被分为两个部分，那么南极洲到底是一个陆地还是两个陆地呢？"

8. 教师引导："让我们回忆一下什么是大洲。大洲是一块陆地还是两块陆地？"

9. 教师说："大洲是由一块陆地组成的，那么南极洲是一块陆地还是两块陆地？"请儿童回答。

10. 教师提问："那为什么在拼图上南极洲是两块陆地呢？"请儿童思考并回答。

11. 教师解释："当人们将地球仪划分成两半做成平面图时，为了顾全各个大洲的完整，因此，从海洋（大西洋和太平洋）上进行划分，在划分地球的底部南极洲的时候，不得不把南极洲分成两部分。其实，这不是代表了真正的南极洲，真正的南极洲是一块完整的陆地。所以，最好通过地球仪来观察南极洲。南极洲在拼图上也被分成了两部分，那么你们说说亚洲是一块陆地还是两块陆地呢？"解释其他洲时采用同样方法。

12. 教师把大洲的拼图分给儿童，请他们轮流放回原来的位置。

13. 教师指导儿童进行标签配对练习。

14. 教师指导儿童进行七大洲的三部卡练习。

15. 教师整理教具并归位。

示范过程（二）

1. 教师出示彩色地球仪和世界地图。

2. 教师引导儿童复习，并在地球仪上找到四大洋。

3. 教师问儿童："你能从世界地图拼图上找出大西洋吗？"请儿童回答。

4. 教师说："大西洋在北美洲和南美洲的右边，连接着欧洲和非洲。"

5. 教师通过对地球仪和地球拼图的比较，请儿童回答大西洋是一个流动的整体。

6. 教师依次找出太平洋、印度洋、北冰洋的拼图，并指出太平洋、北冰洋也是一个流动的整体。

7. 教师指导儿童将标签与各大洋进行配对练习。

8. 教师整理教具并归位。

错误控制：

拼图嵌板。

年龄：

四岁半以上，学习过彩色地球仪知识的儿童。

活动变化与延伸：

1. 亲手制作世界地图。将世界地图嵌板框放在白色卡纸上画圆，将各大洲嵌板放在对应位置上用铅笔描绘轮廓，最后用对应的彩色铅笔涂上颜色并贴上名称标签，其他空白地方涂上蓝色表示海洋，并贴上海洋名称标签，制作成世界地图图册。（同样方法可制作七大洲图册）

2. 进一步学习七大洲历史文化及人文特色等方面的知识。

示范点评

蒙台梭利认为，儿童能够运用已有的知识经验，对所遇到的问题和产生的疑问进行解释、猜想和判断，这是儿童调动原有经验和认识的过程，它为儿童的主动构建（自主教育）提供了可能。儿童在从世界地图到亚洲地图再到中国地图认识的过程，就是一个循序渐进的过程。

1. 在平面地图上，有大洲被分为两部分，教师需要注意向儿童强调大洲的定义以及被分为两部分的原因，教师在向儿童讲解时，除确定性知识外，要对儿童讲解解释性知识，让儿童"知其然并知其所以然"。

2. 教师需要注意要让儿童自己完成拼图嵌板，并向儿童强调这是一个大陆，有利于培养儿童独立工作的能力以及强调知识的系统性。

3. 世界地图涉及的内容非常多，教师需要让儿童掌握基本的知识，学会使用地球仪和世界地图，认识并区分七大洲和四大洋的名称、形状、位置关系。

4. 在延伸活动中，教师可根据儿童兴趣选择几个点进行深入学习讨论，提高儿童的学习兴趣。初步涉及各个大洲的几个国家，为以后学习国家的知识做准备。

14 亚洲地图

教具构成：

世界地图的拼图，亚洲地图的拼图，亚洲各国的标签，大的白色卡纸一张，铅笔，彩色铅笔，水彩笔，长条纸，胶水。

直接目的：

1. 提高儿童对自己所在洲的认识。

2. 让儿童了解亚洲是由许多国家组成的。

间接目的：

1. 有助于儿童了解亚洲国家的名称。

2. 为地理知识的进一步学习做准备。

示范过程：

1. 教师将世界地图拼图放在儿童的面前，请儿童找出亚洲的位置。

2. 教师将亚洲地图放在儿童面前，并介绍："这是亚洲，亚洲包含许多国家，为了更清楚地了解亚洲，我们先来看亚洲的拼图。"

3. 教师请儿童比较世界地图拼图上的亚洲拼图和单独的亚洲拼图，指出："它们的外形是一样的，但亚洲拼图放大了很多，这是为了使我们更好地了解亚洲。"

4. 教师将世界地图拼图放回地图架上，拿出亚洲拼图里的中国部分，把它放在嵌板的右边，提问儿童这是哪个国家。

5. 教师向儿童介绍："这是中国，是我们居住的地方，是我们的国家。"

6. 教师向儿童介绍台湾："台湾是中国的一部分，它与中国的其他部分被海隔开。"随后，教师将台湾地区的拼图拿出来放在中国的旁边。

7. 教师向儿童介绍朝鲜和韩国："它们是中国的邻居，与中国比邻。"随后，教师将它们的拼图拿出来放在中国的右边。

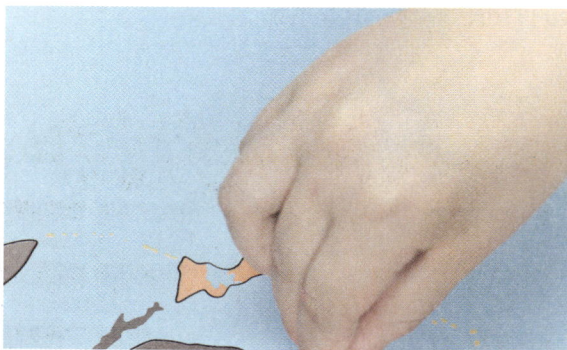

8. 教师用同样的方法介绍日本："日本与朝鲜和韩国相邻，与中国隔海相望。"随后，教师将日本的拼图拿出来，放在朝鲜和韩国的右边。

9. 教师运用三阶段语言教学法，指导儿童将拼图与标签进行配对练习。

10. 教师请儿童分别将日本、朝鲜、韩国以及中国拼图找出来，并放回原来位置。

11. 教师整理教具并归位。

错误控制：

拼图嵌板。

年龄：

四岁半以上，学习过世界地图知识的儿童。

活动变化与延伸：

1. 教师运用同样的方法引导儿童学习亚洲其他国家的相关知识。

2. 请儿童亲手制作亚洲地图，方法与绘制世界地图的方法一致。

3. 制作亚洲国家图册。

4. 了解亚洲国家的特色文化。

5. 复习与亚洲相邻的海洋——太平洋和印度洋的知识。

6. 学习完亚洲国家的知识后，教师将拼图散放到桌面上，让儿童自己进行拼图练习。

示范点评

蒙台梭利认为，环境的创设对儿童的有效学习是非常重要的。儿童的每一个行为都是与环境交互作用的结果，因此，环境的设计要符合安全、有效、优美、自由等特点。

1. 这部分内容多而复杂，每次最多介绍三个国家。学习新的内容前要复习前面学过的内容，掌握不到位的需要重复学习。根据儿童的掌握情况，可以每节课增加一到两个国家。

2. 在进行拼图过程中，老师需注意引导儿童按照地图上北下南、左西右东的方位复习，知道练习的顺序或各种序列对于方法的实际应用是有好处的，必须让儿童按照一定秩序进行学习。

3. 为提高儿童的学习兴趣，教师在介绍国家时，可结合这个国家的特色文化进行介绍，这有利于儿童知识的延伸与拓展。

4. 教师需要注意，每次学习新的国家都可以制成图册，最后装订到一起，成为完整的亚洲国家图册。

15　物产与地图

教具构成：

世界地图拼图，中国地图拼图，儿童搜集到的具有国家（或地域）代表性的包装物品。

直接目的：

1. 拓宽儿童的知识面，开阔儿童的视野。

2. 激发儿童对民风民俗的兴趣。

间接目的：

引导儿童进一步了解世界地理及中国地理。

示范过程：

1. 教师请一个儿童出示他自己所带的食品或包装物品。

2. 如果该儿童识字，教师请儿童在包装上找出产地名称。（教师可协助）

3. 教师请儿童在中国地图上找出该省。如果食品产自国外，请在世界地图上找出该国的相应位置。

4. 教师请儿童讨论这个地方的其他特色。

5. 依照以上方式，教师请儿童将搜集到的包装物品一一确认产地，在地图上找出相应位置，并了解当地风俗文化。

6. 教师请儿童回忆曾去过中国的哪些地方，买过什么东西，那些地方还有没有其他特色。

错误控制：

教师的指导和儿童间的相互启发。

年龄：

五岁以上，学习过中国地图和世界地图知识的儿童。

活动变化与延伸：

1. 将各省市的风光图与中国地图中相应的拼图进行配对。

2. 将各省市有代表性的动物、植物与中国地图中相应的拼图配对。

3. 可将民族作为重点的课程进行学习，向儿童介绍汉族和少数民族，将民族分布情况和中国地图进行配对练习。

示范点评

蒙台梭利认为，儿童具有丰富的想象力，很难从周围环境里获得任何关于世界的感官印象，因此，即使形成了关于世界的概念，也应归功于儿童无形的心理能力即想象力，例如，地球仪的使用，就借助儿童的想象力帮助其形成对周围世界的认识。

1. 学习各地的风俗特色是一件很有意思的活动。在此过程中，儿童可以了解风俗知识，提高儿童参与工作的积极性。

2. 教师可根据儿童的兴趣点进行练习，通过地域、文化、文字、食物、动物、植物、活动、节日等方面进行了解，开阔儿童的眼界，并使儿童能够将各国、各省市以及家乡的特产与中国地图联系起来。

　　3. 这项操作练习有助于激发儿童对民风民俗的兴趣，培养儿童的学习意识，有准备的工作环境更能激发儿童的兴趣，提供给儿童与生活相联系的工作环境。

16　认识人种

教具构成：

各人种图片，人种标签卡，世界地图拼图。

直接目的：

1. 引导儿童了解各国不同人种的情况。

2. 对儿童进行和平教育。

间接目的：

培养儿童的国际视野，丰富儿童的见识。

示范过程：

1. 教师提问儿童："你们见过外国人吗？他们的长相有什么特征？"并请儿童描述。或播放一段有各色人种的影片，之后请儿童观察并描述所看到的外国人的特征。

2. 教师取出白种人的图片说："这是欧洲人种，他们的皮肤是白色的，眼睛是蓝色的，头发是金黄色的。"

3. 教师取出非洲地区人种的图片，让儿童观察黑种人的特点并描述。教师总结："这是黑种人，他们的头发、皮肤和眼睛都是黑色的。"

4. 教师指导儿童之间互相观察并描述同伴的特征之后告诉儿童："我们都是黄种人，我们的皮肤是黄色的，眼睛是黑色的，头发是黑色的。"

5. 教师给儿童分发人种标签卡，运用三阶段语言教学法认识人种。

6. 教师指导儿童将标签与人种图片进行配对。

7. 教师指导儿童在世界地图上找出人种分布的区域（黄：亚洲；黑：非洲；白：欧洲等）。

8. 教师请儿童讨论怎样与外国朋友友好相处。

9. 教师整理教具并归位。

错误控制：

教师的指导和儿童的自我探究。

年龄：

五岁以上，学习过世界地图知识的儿童。

活动变化与延伸：

将各国、各民族的语言、节日等与人种和地图拼图配对。

示范点评

蒙台梭利认为，儿童成长和发展的基础，在于不断地使儿童和环境之间的关系变得更加密切。儿童需要在一个适宜的环境中，找到发展自身功能所必需的工具；儿童需要在与不同群体的接触和交流中，实现良好的社会适应。

1. 教师需注意儿童认识人种时可涉及为什么人们会有人种的区别、肤色为什么不一样等知识点。当教师需向儿童介绍新的比较复杂的概念时，教师有必要对概念作进一步解释。

2. 教师可根据儿童的兴趣点进行练习，通过地域、文化、文字、食物、动物、植物、活动、节日等方面的知识传授，开阔儿童的眼界。把握住儿童的兴趣点，能够充分调动和发挥儿童的主动性。

3. 这项操作练习有助于培养儿童的国际视野，增强儿童的学习意识。活动会帮助儿童发展心智，适当的知识拓展会激发儿童的求知欲，能较好地促进儿童的发展。

17　地球的层次结构

教具构成：

完整的水陆地球仪，地层地球仪，恐龙模型及其化石的图片或模型，彩色橡皮泥，小塑料刀一把，地层构造三部卡。

直接目的：

让儿童了解地球是分层次的，认识地层名称。

间接目的：

培养儿童的科学探究能力。

示范过程：

1. 教师向儿童展示恐龙模型及恐龙化石的图片，解释恐龙消失的原因并引出主题：地壳运动。

2. 教师提问："你们知道恐龙为什么灭绝了吗？"教师请儿童讨论并回答。

3. 教师解释："有的科学家认为，由于地壳发生了较大的分裂和漂移现象，导致环境和气候的变化，恐龙因此而灭绝，它们的骨骼在地层里经过长时间变化后形成了化石。那么什么是地壳呢？"

4. 教师向儿童展示水陆地球仪，引导儿童回忆以前学过的地球仪知识。

5. 教师向儿童展示地层地球仪，并讲解："把地球切开，我们看到它是有层次的，从外向里分别是地壳、地幔、外核、内核。有些科学家认为，就是地壳这一层的运动、变化导致恐龙灭绝的。"

6. 教师和儿童一起用彩色橡皮泥做地层：首先把黄色橡皮泥搓成圆球做内核，把枯黄色橡皮泥包在内核外做外核；其次，把红色橡皮泥包在外

核外做地幔，把棕色橡皮泥包在地幔外做地壳；最后用小塑料刀将橡皮泥球从中间切开，在切面可以清晰地看到地球的层次。

7. 教师取地层构造三部卡，进行三阶段语言教学以及配对练习。

8. 教师整理教具并归位。

错误控制：

橡皮泥做的地层与地层地球仪的颜色一致。

年龄：

三岁以上。

活动变化与延伸：

1. 如果儿童想深入了解地球的层次结构，教师可进一步介绍各个层次的知识。

2. 对于恐龙消失的原因有多种说法，例如，小行星撞击地球引起地壳运动的学说，教师可以详细讲解，让儿童进一步认识地球。

示范点评

蒙台梭利认为，教师授课的基本指导方法是观察法，其中包括懂得儿童的自由。教师的观察要仔细，例如，教师应观察儿童是否对教具操作感兴趣，怎样感兴趣，兴趣的持续时间长短，等等。

1. 教师需注意地层构造三部卡操作时要按地层构造的顺序摆放。教具使用的顺序是非常重要的。

2. 如果没有地层地球仪，可以用自制的橡皮泥地球仪辅以地层结构图来进行教学。教具的选择可根据实际情况进行调整，但要符合工作需要。

3. 这项操作练习有助于增强儿童的动手能力，培养儿童的科学探索精神，能够激起儿童对事物的好奇心，并进而激发儿童科学探究的兴趣。

18　地质构造——断层和褶皱

教具构成：

地层地球仪，彩色橡皮泥，塑料小刀一把，断层和褶皱图片各一张，白纸一张。

直接目的：

使儿童了解地壳的运动会造成各种地形。

间接目的：

培养儿童的科学探究能力。

示范过程：

1. 教师运用地层地球仪进行讲解："我们学习过地壳知识，它上面有许多陆地板块总是在运动，每年都要移动一点，最多只有几厘米（1-6厘米），然而这样微小的板块运动，所产生的能量却是巨大的，最终形成了两种地形。"

2. 教师给儿童出示断层和褶皱图片并解释："这个是断层，是板块移动使岩石破裂后形成的；这个是褶皱，它是板块相互挤压形成的。许多山脉和湖泊都是由板块移动和板块相挤压形成的。"

3. 教师带领儿童用彩色橡皮泥做断层和褶皱，做法同地球的层次结构的做法一样。

4. 教师做断层和褶皱的字卡，请儿童与做好的模型配对。

5. 教师整理教具并归位。

错误控制：

教师的指导。

年龄：

五岁以上，学过地层知识的儿童。

活动变化与延伸：

1. 教师组织儿童观看板块运动的影像资料。

2. 介绍因板块运动导致的地震（如汶川大地震）、火山爆发、洪水等灾害。

示范点评

　　蒙台梭利认为，"蒙台梭利式教师"必须采取的第一步就是使自己做好准备。一方面，她必须使自己具有丰富的想象力；另一方面，她必须清楚了解蒙台梭利式教师和传统教师之间的主要区别。相对于传统教师而言，"蒙台梭利式教师"并不处于主导的地位或是显要的位置，但对教师素质的要求，要高于传统教师，蒙台梭利要求教师应是儿童工作或发展的"观察者""看守者"以及"帮助者"。

1. 教师需注意为了让儿童更好地理解，可以将板块运动作为一节课单独进行，通过模拟实验和影像让儿童明白什么是板块运动，板块运动会形成哪些地形。

2. 这项操作练习有助于儿童了解板块的运动是形成地球各种地形的根本原因，进一步培养儿童的创造性思维和实践能力。

19　八大行星嵌板

教具构成：

八大行星嵌板，八大行星标签，八大行星三部卡。

直接目的：

1. 引导儿童学习八大行星及其名称方面的知识。

2. 帮助儿童了解行星沿着轨道围绕太阳运行。

间接目的：

1. 激发儿童对太阳系的兴趣。

2. 培养儿童的科学探究能力。

示范过程：

1. 教师将八大行星的嵌板放在工作毯（或桌面）上，对儿童说："今天，我们要学习太阳系。"教师讲解太阳系小故事："太阳系中以前总共有九大行星，在2006年的第26届国际天文学联合会大会上，科学家一致通过将冥王星降级成矮行星，所以九大行星已经正式走入历史，现在是八大行星。它们分别是水星、金星、地球、火星、木星、土星、天王星、海王星。除了这些较大的行星之外，太阳系中还有许多较小的行星。今天主要讲八大行星。"

2.教师问："小朋友们，看这个外面有光芒的红色星球，它是什么星呀？"

3.教师总结："是太阳，这八大行星都是围绕着太阳，沿着自己的轨道，自西向东不停地公转，离它最近的这个蓝星球是水星。接下来桔色的是金星，黑色的是咱们人类居住的地球，旁边黄色的是月亮，它总是围绕地球转，不在八大行星之列。这个红色的小星球是火星，这个最大的红星球是木星，黄色的是土星，这个浅绿色的是天王星，灰色的是海王星。"

4. 教师将嵌板里所有的球体拿出来，并在其下方排成一横排。

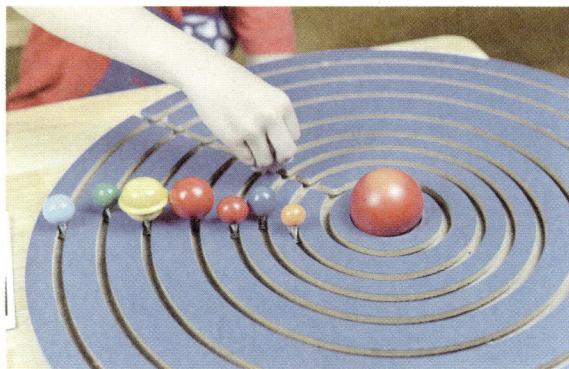

5. 教师依次指导儿童认识太阳系中的各个星体。

6. 教师拿出八大行星标签，让儿童进行配对。

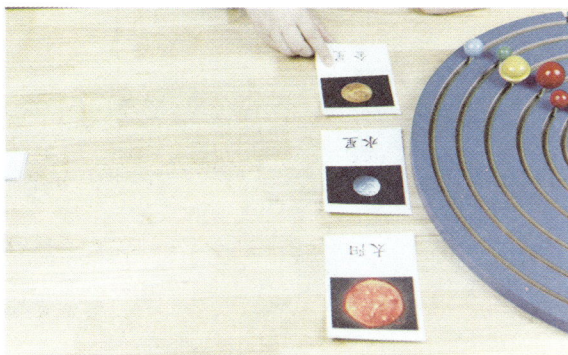

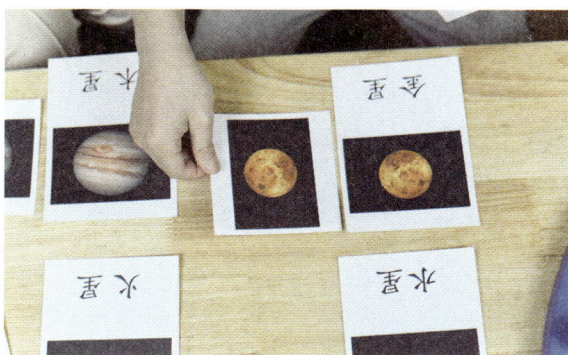

7. 教师指导儿童进行八大行星三部卡配对练习。

8. 教师整理教具并归位。

错误控制：

教具本身的自我修订功能。

年龄：

五岁以上。

活动变化与延伸：

1. 利用八大行星嵌板，教师指导儿童描出八大行星的轮廓并涂色。

2. 用各种材料（橡皮泥、皱纹纸、一次性餐盘、水彩笔等）制作太阳系。

示范点评

　　蒙台梭利认为，通过文化教育的延伸进行有关天文方面的操作练习，不仅拓宽了儿童工作的教育性，更有利于儿童综合知识的学习及综合能力的发展。

　　1. 教师需注意在介绍八大行星前，让儿童先了解太阳星系中唯一的恒星，与行星区分开，学会分辨恒星、行星和卫星。

　　2. 对儿童来说，这项操作练习引领他们迈向学习天文知识的道路，培养了他们学习的兴趣，对其日后科学知识及学习兴趣的形成至关重要。

3. 这项操作练习有助于儿童认识八大行星，增加对太阳系的兴趣，可以增长儿童见识，拓宽儿童视野，培养儿童热爱科学的兴趣及探索求知的精神。

20 八大行星符号三部卡

教具构成:

带有八大行星符号的标准图片一张,太阳和八大行星图片卡一套,文字标签卡一套,符号标签一套,托盘一个。

直接目的:

1. 培养儿童对太阳系知识的学习兴趣。

2. 让儿童了解每个星球都有自己的符号。

间接目的:

由图片向文字符号过渡,使儿童形成抽象概念。

示范过程:

1. 教师将托盘放于工作毯(或桌面)的右上方。

2. 教师将标准图片放于工作毯(或桌面)上方,指导儿童认识八大行星符号。

3. 教师请儿童把图片卡按从左到右的顺序一一摆好：太阳—水星—金星—地球—火星—木星—土星—天王星—海王星。

4. 教师请儿童将带有文字的标签卡与图片卡配对。

5. 教师指导儿童将带有符号的标签卡与标准图片配对。

6. 教师整理教具并归位。

错误控制：

教具本身的自我修订功能。

年龄：

五岁以上，操作过八大行星三部卡的儿童。

活动变化与延伸：

只操作文字卡和符号卡，从形象到抽象文字符号过渡。

示范点评

1. 教师需要注意结合八大行星三部卡带领儿童进行识字，儿童对八大行星的名称能够准确识记。三部卡的使用是将具体事物与抽象符号之间联系起来，符合儿童的认知发展规律。

2. 对儿童来说，这项操作练习引领了他们迈向天文知识的道路，培养了他们学习的兴趣，对其日后科学知识及学习兴趣的形成至关重要。

21 太阳系游戏

教具构成：

太阳系科普碟片，代表太阳的模型卡片，长短不同代表轨道的绳子八根，八大行星模型一套。

直接目的：

引领儿童亲身体会八大行星沿着轨道围绕太阳运行的方式。

间接目的：

培养儿童的宇宙观及科学探索精神。

示范过程：

1. 教师带领儿童观看太阳系的科普影片，激发儿童对活动的兴趣。

2. 教师与儿童一起把绳子做成八大行星的轨道并将模型或图片放在相应的轨道上，请八个儿童站在模型旁。

3. 教师按照影片上行星运行的方式，请每个儿童各自拿起星球的图片或模型，做围绕太阳运行的活动。

4. 教师可变换游戏方式，增加趣味性。

5. 工作结束后，教师将教具放回教具架上。

错误控制：

教师的指导。

年龄：

五岁以上，操作过八大行星嵌板的儿童。

活动变化与延伸：

找一个儿童代表恒星，八个儿童代表行星，一个儿童代表月球，模拟太阳系各个星球运行轨迹。

示范点评

蒙台梭利认为，儿童通过不断地活动进行创造。儿童通过活动得到发展，他的建构活动实质上是一种进入外部环境的真正的工作。

1. 通过文化教育的延伸进行有关天文方面的综合工作，有利于儿童综合知识的学习及综合能力的发展。

2. 在活动延伸游戏中，每一个儿童都在运动，代表太阳的儿童是自转，代表行星和月球的儿童需要同时做到自转和围绕太阳转动。游戏的主要作用在于愉悦儿童身心，促进儿童发展。

3. 该项活动的练习有助于培养儿童的科学探索精神，提高儿童的动手能力，有利于培养儿童的独立性与动手操作的能力。

4. 对儿童来说，这项工作引领了他们迈向天文知识的道路，培养了他们的学习兴趣，对其日后科学知识的掌握及学习兴趣的形成至关重要。

22 太阳结构

教具构成：

太阳结构图，太阳结构三部卡一套，太阳镜若干个。

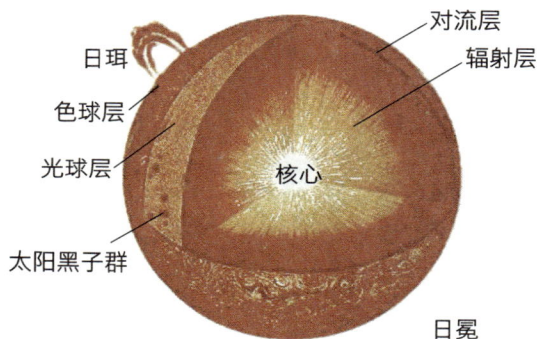

太阳内部结构示意图

直接目的：

1. 增加儿童对太阳知识的学习兴趣。

2. 让儿童初步认知太阳的结构。

间接目的：

1. 由图片向文字符号过渡，形成儿童的抽象概念。

2. 培养儿童的宇宙观及科学探索精神。

示范过程：

1. 教师将儿童带到户外，戴上太阳镜观察太阳。

2. 教师将儿童带回室内，并向其展示太阳的图片，说："今天，我们来认识太阳。"

3. 教师将装有太阳结构三部卡的托盘放在工作毯（或桌面）的右下方。

4. 教师把图片卡和标签卡分发给儿童。

5. 教师拿出一张控错卡，放在工作毯（或桌面）的左上角，询问："哪位小朋友有色球层的图片卡，放在旁边。"其他卡片依此方式进行，直到所有的控错卡和图片卡配对。

6. 教师指着色球层的控错卡："谁有这张图片的标签卡，请放在图片卡的下面。"依次进行直到所有的标签卡和图片卡配对完毕。

7. 教师进行三阶段语言教学，指导儿童认识太阳结构，并且能指认出名称：太阳、色球层、辐射区、日珥、日核、日冕、光球层、耀斑、太阳黑子、对流区。

8. 教师整理教具并归位。

错误控制：

太阳结构三部卡。

年龄：

五岁以上，学习过八大行星嵌板的儿童。

活动变化与延伸：

1. 组织儿童观看太阳的科普影片。

2. 教师介绍太阳黑子对人类的影响。

3. 教师讲述关于太阳的小故事。

示范点评

蒙台梭利认为，儿童发展不仅具有连续性，而且具有阶段性，每个年龄阶段的儿童心理、生理发展都具有不同的特点，因此，教师要选择适合的教育内容与方法，把握儿童发展的"敏感期"是教育的最好时机。

1. 增强儿童对八大行星的学习兴趣，初步认识太阳的结构。激发儿童学习的兴趣，是进行有效学习的重要前提。

2. 结合太阳结构三部卡带领儿童进行识字，儿童对太阳的结构名称能够准确识记。

3. 通过文化教育的延伸进行有关天文方面的综合工作，有利于儿童综合知识的学习及综合能力的发展。综合知识的学习有助于儿童进行概念的整合。

4. 对儿童来说，这项工作能够引领他们迈向天文知识的道路，对其日后科学知识的掌握及学习兴趣的形成至关重要。

23　月亮的变化

教具构成：

月球，地球，太阳运行模型。

直接目的：

儿童亲身感受月亮的大小变化是与地球、太阳的位置变化相关的。

间接目的：

1. 为儿童下一步学习"月球相位三部卡"做准备。

2. 培养儿童的宇宙观及科学探索精神。

示范过程：

1. 教师将模型放在桌上，告诉儿童太阳可以发光发热，模型中的太阳带有灯泡，模拟真正的太阳发光。

2. 教师请儿童对模型进行操作，模拟太阳、月球和地球的运动。

3. 教师请儿童按照要求进行操作，当月球自转的同时，围绕着地球公转，地球自转的同时，也围绕着太阳公转。

4. 转到某一个位置停下，教师指导儿童观察此时月亮被照亮的地方，然后继续转动并观察。

5. 教师示意儿童根据实验观察月亮被灯光照亮的位置变化。

6. 教师整理教具并归位。

错误控制：

教师的指导和儿童间的相互启发。

年龄：

五岁以上，学习过太阳系知识的儿童。

活动变化与延伸：

1. 儿童自己操作。

2. 欣赏月球小画册。

3. 月亮的观察记录：请儿童在家长的帮助下，将自己观察到的月亮画在白纸上，然后剪下来贴在黑纸上（每隔三天观察一次，记录一次，持续时长一个月）。最后按时间先后顺序装订成月相小画册。

示范点评

蒙台梭利认为，科学教育的主要目标就是培养儿童的探究精神。在教学过程中，教师需要做的不是给予儿童最多的干预和指导，而是要用最少的指导和最多的鼓励，培养儿童独立思考、判断和实践的能力。

1. 如果有条件，活动尽量选择在比较昏暗的房间内，更有利于儿童观察月亮的变化。"有准备的环境"的必备条件包括儿童能自由操作各种活动材料的环境，能最有效地配合教师的工作。

2. 通过活动让儿童更直观地明白太阳、地球、月亮的关系，了解月亮变化的原理：由于月球本身不发光、不透明，在太阳的照射下，向着太阳的半个球面是亮区，另半个球面则是暗区。随着月亮相对于地球和太阳的位置变化，就使它被太阳照亮的一面有时面向地球，有时背向地球。当月球亮面转到背着地球的方向时，月球就会是全黑的，当月球亮面转到向着地球的方向时，月球几乎是全光明的；当月球亮面由向着地球到背着地球时，月球的明亮部分逐渐减少。月相实际上是人们从地球上看到的月球被太阳照亮的部分。由于观察角度不同，所以看到的月相亮面大小、方向也就不同。

24 月球相位三部卡

教具构成：

月球相位三部卡。

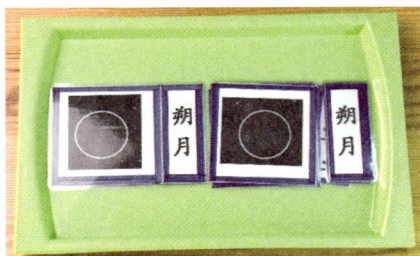

直接目的：

1. 使儿童初步了解各种月相知识，知道各种月相的名称。

2. 让儿童了解月亮的变化是有规律的。

间接目的：

1. 由图片向文字符号过渡，使儿童形成抽象概念。

2. 培养儿童的宇宙观及科学探索精神。

示范过程：

1. 教师请儿童回忆月亮是什么样子的（教师请家长在晚上带着儿童对月亮连续观察一个月并记录下来，儿童会看到月亮大小有规律地变化）。

2. 教师将装有月球相位三部卡的托盘放在工作毯（或桌面）的右下方。

3. 教师拿出所有的控错卡，并沿工作毯（或桌面）水平摆放，提问儿童："你见过这样的月亮吗？"

4. 教师把图片卡和标签卡分发给儿童。

5. 教师指着新月的控错卡问："哪位小朋友有这张图片的标签卡？请将它放在图片的下面。"

6. 教师请儿童进行图片配对，并复述名称。

7. 教师指导儿童将所有的标签卡与图片卡配对。

8. 教师进行三阶段语言教学，指导儿童认识月亮的相位：朔月（新月）、峨眉月、上弦月、凸月、望月（满月）、下弦月。

9. 教师整理教具并归位。

错误控制：

教具本身的自我修订功能。

年龄：

五岁以上。

活动变化与延伸：

1. 介绍海水涨潮形成的原因，还有其他因月亮引起的自然现象。

2. 介绍月相与农历日期的对应关系。

示范点评

　　蒙台梭利认为，我们的教育不能只重视方法、目标及社会目的，还应该将生活本身考虑在内，应该贴近儿童的生活，因为生活本身是一个丰富的教育资源素材。

　　1. 在认识月相的过程中，让儿童了解出现这种月相的原因，了解太阳、月亮和地球的位置关系。

　　2. 结合月球相位三部卡带领儿童识字，儿童对月亮相位名称能够准确识记。三部卡的使用符合儿童从具体事物到抽象概念的认知发展规律。

　　3. 对儿童来说，这项操作练习引领了他们迈向天文知识的道路，培养了他们学习的兴趣，对其日后科学知识及学习兴趣的形成至关重要。

25　星座的介绍

教具构成：

圆形黑色垫布一块，白色纽扣（代表星星）若干，小瓷碟一个，各星座的图片一张，托盘一个，工作毯一块，星座介绍书一本。

直接目的：

让儿童学习与认识各星座的形状和名称。

间接目的：

培养儿童对星空的兴趣。

示范过程：

1. 教师请一个儿童说出自己的生日，教师告诉他属于什么星座。例如："你的星座是白羊座，这个星座是由很多星星组成的一只羊的形状。"

2. 教师将黑色垫布铺于工作毯（或桌面）中央，取白羊星座的图片放在垫布左边，将放有白色纽扣的小瓷碟放在垫布右边。

3. 教师让该儿童从小瓷碟中依次取出白色纽扣，对照图片上星星的位置在垫布上摆出自己星座的形状。

4. 教师可讲述这个星座的美丽传说，引发儿童的兴趣。

5. 教师收起纽扣和图片。请其他星座的儿童找出自己的星座图片，操作同上。

6. 教师整理教具并归位。

错误控制：

星座图。

年龄：

五岁以上，观察过星星的儿童。

活动变化与延伸：

1. 设计多种星座游戏，如用小铁钉在硬纸板上刺出星座的形状，对着光观看。

2. 了解每个星座的日期。

3. 制作星座三部卡。

4. 讲述有关各个星座的传说。

示范点评

　　蒙台梭利认为，教师的授课应以不表现出教师个性的方式进行，仅仅突出教师想要儿童注意的客观对象。教师必须认识到，简单明白的课应该是对客观对象的解释以及让儿童如何使用的说明。

　　1. 现在很多人都根据自己的生日来判断自己属于哪个星座，进而分析个性、占卜前途命运，教师必须对儿童讲清楚这是不科学的解释。在幼儿园阶段，可以让儿童知道自己属于哪个星座的，就像知道自己的属相一样。

　　2. 这项操作练习的目的在于增加儿童学习的兴趣，引发他们六岁之后对大自然的探索欲望，进一步了解现象背后的本质。

　　3. 这项操作练习有助于儿童了解十二星座：水瓶座、白羊座、双鱼座、金牛座、巨蟹座、双子座、狮子座、处女座、天秤座、天蝎座、射手座、魔羯座。十二星座知识的学习可以让儿童对星座的了解更加专业化、系统化。

26 星座小画册

教具构成：

有孔的星座图片，垫板，白纸，彩笔，订书机一个，一个托盘。

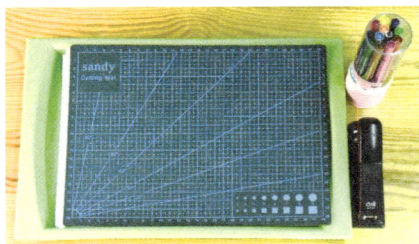

直接目的：

培养儿童对星空知识的学习兴趣。

间接目的：

1. 培养儿童的动手能力。

2. 培养儿童的宇宙观和科学探索精神。

示范过程：

1. 教师将盛放图片、彩笔等的托盘放在工作毯（或桌面）右下方。

2. 教师取出白纸和垫板，将白纸在垫板上夹好。

3. 教师取出星座图放在白纸上面，左手按住图片，右手用彩笔将所有的孔依次点画出来。

4.教师拿下星座图，将白纸上的点连成线，画成星座。

5.教师将各星座画好后，加封面，写上日期、姓名、用订书机订好后即成星座小画册。

6.教师先整理教具，后收作品。

错误控制：

有孔的星座图。

年龄：

五岁以上，学习过星座知识的儿童。

活动变化与延伸：

可向儿童讲述中国神话里有关星座的故事，例如，牛郎织女的故事，并依据故事情节进行相关的美术活动。

示范点评

蒙台梭利认为，自然的方法能让儿童产生专门的兴趣，即对进行那种专门的创造性工作产生特别浓厚的兴趣，这种兴趣促使儿童完成其正在发展的个性的每一方面所必需的创造性工作。

1. 教师需注意采用多种活动形式，如星座三部卡、音乐、美术、舞蹈等。多样的活动形式可以激发儿童学习的兴趣。

2. 天文学活动设计要保证先进性、科学性、系统性、启发性、趣味性等。

3. 教师可以给儿童准备天文望远镜及天文方面的科普书，让儿童通过观察亲身感受天空的瑰丽无比。儿童在学过八大行星的嵌板之后，就会自主探寻用天文望远镜在天上找嵌板上的星球，或在书中找更多的相关知识。

4. 该项工作的练习有助于培养儿童的科学探索能力。星座的背后是星空知识、宇宙知识的理论支持，星座知识的学习可进一步培养儿童对宇宙探索的兴趣。

第四章　历史学

1　生日庆祝会

教具构成：

儿童的照片，儿童使用过的物品，太阳与地球模型各一个，蜡烛，生日蛋糕。

直接目的：

为儿童庆祝生日。

间接目的：

1. 让儿童理解地球绕太阳一圈运转（公转）时间为一年。

2. 为儿童学习历史知识做准备。

3. 增强儿童的时间观念。

示范过程：

1. 教师对儿童说："今天是×月×日，是我们班里的××小朋友的生日，我们一起来为他庆祝生日。"

2. 教师取小太阳的模型，将其放在教室地板的中间，同时教师邀请所有儿童围坐在小太阳模型的周围，每人与模型之间要留出一定距离。

3. 教师请过生日的儿童手拿地球仪，走到小太阳模型旁边，围绕其走一圈，同时教师告诉儿童："刚刚××小朋友代表地球，围绕着太阳转了一圈，就代表过了一年的时间。"

4. 教师询问儿童："我们出生之后，地球围绕太阳转一圈，我们就一岁了。××，你想知道在你一岁的时候，你是什么样子的吗？"

5. 教师出示已经准备好的儿童一岁的照片或者当时他使用过的小物品，请儿童向大家讲述自己一岁时的样子。

6. 教师请过生日的儿童再围绕小太阳模型转一圈，同时教师问儿童："地球又绕着太阳转了一圈，证明你已经两岁了。××，你想一想在你两岁的时候，你是什么样子的啊？"

7. 教师出示已经准备好的儿童两岁时的照片或者当时他使用过的小物品，请儿童向大家讲述自己两岁时的样子。

8. 重复以上操作，教师提问，儿童回答，直到问到儿童目前的年龄。

9. 教师将小太阳模型以及地球模型放回教具架，取出生日蛋糕放在工作毯（或桌面）上。

10. 将蜡烛插在蛋糕上并点燃，请过生日的儿童来到蛋糕前，许愿并吹蜡烛，大家为他唱生日歌。

11. 教师鼓励每个儿童向过生日的儿童送上自己的祝福，并指导过生日的儿童学会向大家的祝福表达感谢。

12. 教师切蛋糕，所有儿童一起分享。

13. 教师带领儿童一起整理教室。

错误控制：

教师的指导和围绕太阳转的圈数。

年龄：

三岁以上。

活动变化与延伸：

1. 可以用不同的形式为过生日的儿童庆祝生日，如唱生日歌、举办小型生日派对等。

2. 同伴可以为过生日的儿童赠送自己制作的生日贺卡来表达自己的祝福。

3. 生日的当天，过生日的儿童用自己的方式对母亲表达感激之情，教师可以借此机会培养儿童的感恩之心。

示范点评

　　蒙台梭利认为，儿童成长和发展的基础，在于不断地使儿童和环境之间的关系变得更加密切，使儿童更好地融入社会群体，适应社会环境。通过庆祝生日活动，使儿童体验到群体生活的乐趣，合作、分享和快乐。

　　1. 过生日是儿童一年中最期待的一天，教师应当通过班级内的生日庆祝，让儿童体会到班级大家庭所给予的快乐和温馨，感受人际交往互动所带来的乐趣。

　　2. 教师需注意引导儿童手拿地球仪围绕太阳模型走一圈，告诉儿童这是一年的时间里地球的运动轨迹，让儿童对地球的公转有初步的了解。

② 介绍日历

教具构成：

日历牌（较大的、数字清晰易观察的），托盘。

直接目的：

让儿童理解昨天、今天、明天的日期的概念。

间接目的：

1. 让儿童形成时间观念。

2. 培养儿童的语言表达能力。

3. 让儿童初步理解年、月、日之间的关系。

示范过程：

1. 教师取教具，放在工作毯（或桌面）上。

2. 教师取出日历牌，指着今天的日期，提问："小朋友们，你们知道今天是几号吗？"教师请儿童看着日历上的数字进行回答。

3. 教师与儿童一起大声说出："今天是××号。"

4. 教师指着日历牌上昨天的时期，提问："昨天是几号？"

5. 教师指着日历牌上明天的时期，提问："明天是几号？"

6. 教师连续几天重复以上的操作，让儿童完全理解昨天、今天、明天的日期的概念。

7. 等儿童完全熟悉并掌握了以上的内容之后，教师可以引出前天、后天的概念，教师告诉儿童前天就是昨天的昨天，后天就是明天的明天。

8. 教师整理教具并归位。

错误控制：

教师的指导和儿童间的相互启发。

年龄：

三岁以上。

活动变化与延伸：

1. 教师可以带儿童学习周末、假期等概念。

2. 学习"月份"的概念。教师指着日历牌向儿童介绍每一个月的名称，"这个月是×月，下个月是×月。"以此类推，一直说到最后一个月。

3. 复习"今天是×号"，然后加上当月的名称，总结来看，介绍时间的表示方法"今天是×月×日"。教师指着日历牌说："小朋友，现在是几月啊？今天是几号啊？所以，日期可以这样表示：今天是×月×日。"

4. 教师向儿童讲解一周内的天数"一周有七天"，一个月内的天数"每个月有三十、三十一天，或者二十八、二十九天"，一个月内的星期数"一个月大概有四周的时间"，一年内的月数"一年有十二个月"。

5.有关日历的学习应贯穿全学年进行，让儿童将理论与实际相结合。

示范点评

蒙台梭利认为，教师需要注意，在选择科学文化教育内容时，要考虑生活性、趣味性、操作性、代表性等原则，儿童通过操作练习，培养认真、专注、守纪律、务实、责任感等良好品质，促进儿童生理、心理的全面发展。

1.教师需要注意确保选择的日历能看到一个月所有的日期。教学材料的准备必须是准确的、完整的。

2.教师需要注意每天都要重复此项工作，以便使儿童真正理解日期的概念，从而可以自主准确地找到日期在日历上的相应位置，知道如何看日历找日期。

3.对于三岁左右的儿童来说，区分"昨天、今天、明天"教学内容是比较抽象、难以理解的，因此，教师要注意把握好以下几个要点：第一，尽量联系儿童的生活实际；第二，讲清时间的相对性问题；第三，借助多种方式巩固概念。

3　"我的一天"时间事件流程图

教具构成：

《明明的一天》故事图片，长条卷纸，彩色铅笔，圆规或者其他辅助画圆的工具（圆形硬卡纸、圆形纸盘等），橡皮圈，托盘。

直接目的：

1. 让儿童感受一天内的时间变化。

2. 让儿童了解时间与自己生活的关联。

间接目的：

1. 增加儿童对时间的学习兴趣。

2. 培养儿童的时间管理能力。

示范过程：

1. 教师向儿童展示并讲解《明明的一天》故事图片。

2. 教师请儿童回顾故事里的主人公明明在一天中的各个时间点都做了哪些事情，请儿童讨论并回答。

3. 教师对儿童说："小朋友们，你们在一天中的各个时间里都会做什么事情啊？"教师请儿童思考并回答。

4. 教师对儿童说："今天，我们一起来制作关于'我的一天'的时间事件流程图。"

5. 教师将放有长条卷纸、彩色铅笔和圆规的托盘放在工作毯（或桌面）的右下方。

6. 教师将长条卷纸轻轻展开，横放在工作毯（或桌面）上。

7. 教师取圆规，在纸的上方从左到右依次画圆，圆形的个数等同于将要记录的儿童活动的个数，注意留出空白位置写字与画图。

8. 教师收起圆规，教师在每个圆里写上钟点数字1-12，告诉儿童每个圆形代表一个时钟。

9. 教师指着纸上的第一个时钟，对儿童说："我们定第一个时钟为早上7：00，是我们起床的时间。"

10. 教师用彩色铅笔在第一个时钟上画出7：00的时针和分针，并在时钟的正下方写上"起床"二字，画上表示起床的图画。

11. 以此类推，教师在第二个时钟上画出 8：00 的时针和分针，写上"来园"二字并画图。（第三个：10：00 做操、第四个：12：00 午餐……第 n 个：21：00 睡觉）

12. "我的一天"时间事件流程图完成，教师与儿童一起欣赏并回顾。

13. 教师在卷纸外侧下角写上儿童的姓名以及当天的日期。

14. 教师将纸卷好，用橡皮圈固定。

15. 教师整理教具并归位。

错误控制：

教师的指导和时间的顺序（从早晨到晚上）。

年龄：

三岁以上。

活动变化与延伸：

1. 教师可以请儿童将生活中不同时间做的事情用照片记录下来，贴在对应的时间印章下方，代替流程表上的图画。

2. 教师可以提供给儿童相关的时间卡，请儿童按照时间先后进行排序。

3. 鼓励儿童在幼儿园一日生活中，随时留心选取典型的、有趣的事件做记录，整理出自己的时间事件流程图。

示范点评

蒙台梭利认为，教师要特别考虑到儿童和成人角色的互换——教师实际上几乎很少进行教学；而儿童是活动的主体，可以进行自我学习，并自由地选择自己的工作和活动。

1. 教师应当引导儿童回忆每日流程，适当地进行引导提问，发现遗漏的环节及时补充。教师要做儿童发展的支持者、引导者、合作者。

2. 教师需要注意鼓励儿童细心观察，当发生典型事件时，可以提醒儿童记录下来。培养儿童细致的观察能力，是促进儿童更好地与周围事物发生相互作用的重要前提。

3. 这项操作练习与儿童的生活背景和经验密切相连，教师借助于日常生活经验的回忆与认识是一种很重要的途径。教师可以运用多种操作手段：第一，借助于试听同步感知；第二，借助于情境谈话等。

4　认识时钟

教具构成：

一套时钟教具，制作好的儿童时间事件流程图，1：00-12：00的十二张时钟卡片，托盘。

直接目的：

1. 让儿童知道时钟是由时针和分针构成的。

2. 帮助儿童了解1：00-12：00的时针和分针的位置。

间接目的：

1. 让儿童形成时间观念。

2. 培养儿童对数字的感知能力。

3. 为今后儿童认识时钟奠定基础。

示范过程：

1. 教师取教具并放在工作毯（或桌面）上。

2. 教师展开已经制作好的时间事件流程图，请儿童浏览、回顾。

3. 教师指着第一个时钟，对儿童说："这是7点，是小朋友们起床的时间。"教师指着第二个时钟，对儿童说："这是8点，是小朋友们来幼儿园的时间。"以此类推，一直说到最后的时钟，通过这样的描述，让儿童对时间有初步的认知。

4. 教师将时间事件流程图收好，拿出时钟。

5. 教师向儿童介绍时钟："小朋友们请看，这个叫作时钟，上面的表盘上有两个指针，其中，长针叫作分针，短针叫作时针。表盘上还有很多的数字，它们分别是1、2、3、4、5……12，这些数字代表的是几点？"

6. 教师将分针拨到12，将时针拨到1，告诉儿童："当我们看到时钟上的时针指的1，分针指的12时，就代表这是1点整。"

7. 教师依次将时针拨到2、3、4、5……12，分别告诉儿童是2点整、3点整、4点整、5点整……12点整。

8. 教师放下时钟，取时钟卡片。

9. 教师拿出1点的时钟卡片，请儿童说出上面的时间是几点。

10. 等儿童回答"这是1点整"的正确答案之后，教师请儿童将时钟的指针拨到1点的位置。

11. 如上操作，教师依次拿出其他的时钟卡片，请儿童分别说出上面的时间，并且将时钟的指针拨到对应的位置。

12. 待全部的时钟卡片操作完毕之后，教师整理教具并归位。

错误控制：

教师的指导。

年龄：

三岁以上。

活动变化与延伸：

1. 教师可以随机询问儿童在幼儿园或者在家里的不同时间及其对应事件，并请儿童将时钟拨到相对应的时间上。

2. 小组游戏：教师将十二张时钟卡片分发给十二个儿童，教师拿时钟拨时间，问儿童"这是几点"，请拿着对应时钟卡片的儿童举起手里的卡片，并说出时间。

示范点评

蒙台梭利认为，必须重视在尊重差异中进行"个别化教育"，个别化并不是自私自利，而是对每个儿童的尊重，是一种尊重个体差异性的教育，这是对儿童能力和个性发展的重视和尊重。

1. 教师只对儿童进行整点介绍以及教学。

2. 教师可以告诉儿童：因为地球自转一圈约为24小时，所以地球的"一天"就定为24小时。教师向儿童介绍相关的知识，更有利于儿童对知识的了解。

3. 这项操作练习中儿童的兴趣点为拨动时针，应让儿童多进行直接操作，以加深儿童对时钟的认知。

4.教师的提示方法为个别提示以及小组提示。这是个别教学与整体教学相结合的教育方法。

5.教师在示范时尤其要注意按顺时针方向拨动指针。可以先让儿童进行操作练习，教师再加以纠正，帮助儿童掌握正确的时间概念。

5 小时与分钟的关系

教具构成：

硬纸板剪成的圆形数字时钟
（包含刻度），海绵纸制作的十二个
红色小圆形，海绵纸制作的四十八
个绿色小圆形，两个盛小圆形的小
碟子，托盘。

直接目的：

1. 巩固儿童对时钟的认识。

2. 让儿童知道一小时包含六十分钟。

间接目的：

1. 培养儿童的时间意识。

2. 锻炼儿童的语言表达能力。

示范过程：

1. 教师取教具并放在工作毯（或桌面）上。

2. 教师取硬纸板时钟，放在工作毯（或桌面）中间。

3. 教师讲解："这个是用硬纸板制作成的时钟，上面的数字代表的是
时间，上面还有很多的小圆形，代表的是时间的刻度，我们可以将彩色小
圆形摆放在刻度上。"

4. 教师取盛放红色小圆形的小碟子放在时钟旁边，对儿童说："请小

朋友将红色小圆形放在每个数字下面的刻度上。"教师请儿童进行操作。

5. 教师取盛放绿色珠子的小碟子放在时钟旁边，对儿童说："请小朋友将绿色小圆形放在其余的刻度上。"教师请儿童进行操作。

6. 教师用语言引导儿童："分针走过一个小刻度就是一分钟，分针转一整圈就是一小时。那么请大家想一想，一小时里面包含多少分钟呢？请大家认真看。"

7. 教师慢慢拨动分针，使分针转动一整圈，请儿童一边看一边数数。

8. 分针转完一整圈之后，教师与儿童一起总结："一小时里包含六十分钟。"

9. 教师指导儿童反复进行以上的练习。

10. 教师整理教具并归位。

错误控制：

教师的指导和小圆形的颜色。

年龄：

三岁以上，学习过分钟的儿童。

活动变化与延伸：

1. 工作中的小圆形可以换成圆形小粘贴，以增加儿童的学习兴趣。

2. 准备数字电子表，请儿童观察电子表上的分钟数字的变化，让儿童更直观地感受小时与分钟的关系。

3. 可以利用真实的闹钟或挂钟，让儿童动手操作，看清时针与分针的行走规律，了解两者之间的关系。

示范点评

蒙台梭利认为，在教育活动中，儿童是主体，是中心，儿童全神贯注地从事各自的"工作"，独立操作，自我发现，自我教育和发展。在这个操作练习过程中，教师是儿童活动的观察者和指导员。

1. 教师需要注意拨动分针时速度要慢，要清晰地展现给儿童，以确保每个儿童都可以观察清楚。教师的操作过程要清晰、明确，能保证儿童可以有效地理解时间的概念。

2. 教师的提示方法为个别提示和小组提示。

3. 儿童摆放红绿小圆形是此项工作的兴趣点，教师应当多让儿童亲手操作，以便加深儿童对小时与分钟之间关系的理解。找到工作的兴趣点，更便于建立儿童与环境之间的相互联系，促进儿童与环境之间的相互作用。

6 认识"星期"

教具构成：

日历牌，星期表（硬卡纸制作，分为两竖列、七横行，最上方为标题栏，左列从上到下依次书写文字"星期一""星期二"……"星期日"，右列为空白），十张字卡（分别写有文字"星期一""星期二"……"星期日""今天""昨天""明天"），七张活动名称卡（分别写有儿童星期一到星期日的某个典型活动），托盘。

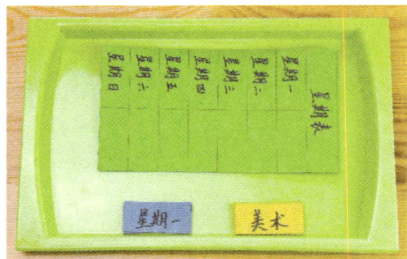

直接目的：

让儿童认识星期一到星期日。

间接目的：

1. 增强儿童的时间观念。

2. 提高儿童在日常生活中的观察力。

示范过程：

1. 教师取教具并放在工作毯（或桌面）上。

2. 教师取出日历牌，问儿童："小朋友们，今天是几号啊？我们一起在日历牌上指一指。"

3. 教师与儿童一起说出今天的日期，并在日历牌上指出来。

4. 教师继续询问儿童昨天、明天的日期，并在日历牌上指出。

5. 教师放回日历牌，取出制作好的星期表，对儿童说："这是一张星期表，上面写有'星期一'到'星期日'，其中，'星期一'至'星期五'是工作日，代表小朋友们会在这五天来上幼儿园，'星期六'和'星期日'是休息日，代表这两天大家在家里休息。"

6. 教师将"今天""昨天""明天"三张文字卡摆在工作毯（或桌面）上，进行三阶段语言教学。

7. 教师问儿童："小朋友们，今天是星期几啊？"请儿童回答，并将"今天"的文字卡放在对应的星期几的后面。

8. 教师询问儿童昨天、明天是星期几，并将"昨天""明天"的文字卡放在对应的位置。

9. 教师收起以上三张字卡，并将"星期一"到"星期日"的字卡摆放在工作毯（或桌面）上，进行三阶段语言教学。

10. 教师请儿童将"星期一"到"星期日"的文字卡分别放在星期表上对应的空白位置。

11. 教师收起文字卡，取出活动名称卡，进行三阶段语言教学。

12. 教师请儿童一边看着星期表，一边描述对应日期的活动事件。例如，星期一小朋友们在幼儿园上美术课，星期六小朋友和妈妈去动物园，等等。

13. 反复进行以上练习。

14. 教师整理教具并归位。

错误控制：

教师的指导和教具本身的自我修订功能。

年龄：

三岁以上，学习过日历牌的儿童。

活动变化与延伸：

1. 教师可让儿童在星期表上记录自己不同的活动事件。

2. 家长与儿童一起制作简易日期表。

示范点评

蒙台梭利认为，"重复"是儿童的学习方式之一，一个个问题在儿童的探索中产生，又在儿童的探索中解决。同时，在解决问题的过程中，又产生了新的问题，又有了新的探究行为。儿童知识、技能的习得，都是在这样的"重复"工作中获得的。

1. 对于"一周"的介绍，教师可以制作"星期表"，请儿童进行配对，在儿童进行配对的过程中，儿童自然可以记住一周的历程。

星期表	
星期一	
星期二	
星期三	
星期四	
星期五	
星期六	
星期日	

2. 随着年龄的增长，儿童的生活经验会不断积累和丰富，因此，此工作内容应当充分地与儿童的生活相联系。

7 认识"月"

教具构成：

日历牌，月份表（硬卡纸制作，分为两竖列、十二横行，最上方为标题栏，左列从上到下依次书写文字"一月""二月"……"十二月"，右列为空白），十二张字卡（分别印有文字"一月""二月"……"十二月"），托盘。

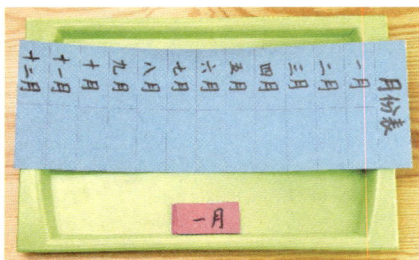

直接目的：

帮助儿童学习认识一月到十二月。

间接目的：

1. 增强儿童的时间观念。

2. 为儿童认识季节奠定基础。

示范过程：

1. 教师取教具并放在工作毯（或桌面）上。

2. 教师取出日历牌，问儿童："小朋友们，现在是几月啊？我们一起在日历牌上指一指。"

3. 教师与儿童一起说出现在的月份，并在日历牌上指出来。

4. 教师继续询问儿童上个月、下个月的月份，并在日历牌上指出来。

5. 教师放回日历牌，取出制作好的月份表，对儿童说："这是一张月份表，上面写有从'一月'到'十二月'的时间，一年共有十二个月。"

6. 教师取出"一月"至"十二月"的文字卡放在工作毯（或桌面）上，进行三阶段语言教学。

7. 教师询问儿童："小朋友们，现在是几月啊？请大家把相应的文字卡放在月份表对应的空白处。"

8. 教师请儿童回答，并将"×月"的文字卡放在对应的月份的后面。

9. 教师问儿童上个月、下个月是几月，并将文字卡放在对应的位置。

10. 教师请儿童将剩下的所有月份的文字卡分别放在月份表上对应的空白位置。

11. 反复进行以上练习。

12. 教师整理教具并归位。

错误控制：

教师的指导和教具本身的自我修订功能。

年龄：

三岁以上，学习过"星期"的儿童。

活动变化与延伸：

教师可以制作春、夏、秋、冬的季节名称卡，教儿童认识季节所处的月份，并将季节名称卡放在相应月份后面。

示范点评

蒙台梭利认为，儿童"工作"的流程为：兴趣—开始操作—出现专注—获得发现，这个流程符合儿童的认知发展规律与发展阶段，是科学的教育方法。

1. 对于"月份"的介绍，教师可以制作"月份表"，请儿童进行配对，在儿童进行配对的过程中，儿童自然可以记住一个月的历程。

月份表	
一月	
二月	
三月	
四月	
五月	
六月	
七月	
八月	
九月	
十月	
十一月	
十二月	

2. 随着年龄的增长，儿童的生活经验会不断积累，因此，这项操作练习的内容应当充分地与儿童的生活相联系。与儿童生活有关联的环境，是蒙台梭利"有准备的环境"的必备条件之一。

参考文献

［1］［意］玛丽亚·蒙台梭利. 科学的幼儿教育方法［M］. 单中惠，译. 济南：山东教育出版社，2018.

［2］［意］玛丽亚·蒙台梭利. 童年的秘密［M］. 单中惠，译. 济南：山东教育出版社，2018.

［3］［意］玛丽亚·蒙台梭利. 为了新世界的教育／童年的教育［M］. 单中惠，李爱萍，王晓宇，译. 济南：山东教育出版社，2018.

［4］［意］玛丽亚·蒙台梭利. 有吸收力的心理［M］. 单中惠，译. 济南：山东教育出版社，2018.

［5］［意］玛丽亚·蒙台梭利. 蒙台梭利儿童教育手册：蒙台梭利的教育观念和教具指南［M］. 肖咏捷，译. 北京：中国发展出版社，2003.

［6］单中惠等. 蒙台梭利幼儿教育著作精选［C］. 上海：华东师范大学出版社，2009.

［7］［法］夏洛特·普桑. 蒙台梭利教育精华［M］. 尹亚楠，译. 杭州：浙江人民出版社，2015.

［8］单中惠. 蒙台梭利幼儿教育经典名著导读［C］. 济南：山东教育出

版社，2018.

［9］崔国华. 蒙台梭利教育实践攻略［M］. 北京：九州出版社，2010.

［10］朱家雄. 幼儿园课程的理论与实践［M］. 上海：华东师范大学出版社，
2010.

［11］霍力岩. 试论蒙台梭利的儿童观［J］. 比较教育研究，2000.

［12］邓祎，罗岚，杜红春. 蒙台梭利教育本土化的探索［J］. 学前教育研究，
2016.

［13］单中惠. 儿童与游戏［J］. 幼儿100（教师版），2013.

［14］蒙台梭利，单中惠，译. 教师的使命［J］. 师道. 2005(2).

［15］单中惠. 西方现代儿童发展观初探［J］. 清华大学教育研究，2003.

［16］Wood, Walter. *Children's Play and its Place in Education with an Appendix on the Montessori Method*［M］. Routledge, 2012.

［17］Isaaacs, Barbara. *Bringing the Montessori Approach to Your Early Years Practice*［M］. Routledge, 2015.

［18］Lillard Angeline Stoll. *Montessori: the Science Behind the Genius*［M］. Oxford: Oxford University Press, 2007.